関係の法則

LAW OF CONNECTION

MICHAEL J. LOSIER
マイケル・J・ロオジエ
NAOKO OHTA
大田直子［訳］

講談社

はじめに
～私が『関係の法則』を書いた理由～

「この本のおかげで、プライベートや仕事上の人間関係で、自分が心から望んでいることがはっきりわかり、それをたくさん引き寄せることができた」

初めての著書『引き寄せの法則』が刊行されたあと、大勢の方々からお便りをいただきました。

しかしみなさんの望みはそれだけではありませんでした。

プライベートであれ仕事であれ、出会う人全員ともっとうまくコミュニケーションを取りたい。さらに、理解されている、自分をわかってもらっていると感じるためにはどうすればいいいか。多くの人がその答えを知りたいと願っていたのです。

そこで私は気づきました。あらゆるタイプの人と日常的に良い関係を築くのに必要なスキルを伝えるための本を書かなくてはならない、と。

『引き寄せの法則』も『関係の法則』も、より充実した、より豊かな、より有意義な人生を送るために役立つ、いくつかのシンプルな法則をマスターするための本です。両方読まないと効果が上がらないわけではありません。法則はそれぞれ独立しています。そしてそれぞれ独自のメリットがあります。

私は長年、引き寄せの法則を教えていますが、その間ずっと、あなたがこれから知ろうとしている情報をセミナーや取材やコーチングに組み込んできました。受講者、取材相手、記者、トーク番組の司会者など、日常的に交流するすべての人々と、より良い関係を築くためです。

「込み入った考えをわかりやすくする能力がある」

しばしばこう言っていただけるのは、私にとってとてもうれしいことで、それができるのは神経言語プログラミング（ＮＬＰ）の訓練を受け、加速学習法（ＡＬＴ）を使っているからです。この技法はどんなコミュニケーションスタイルの人の心にも響くように考えられています。たとえば……。

◎本の余白を心地よく感じる人もいれば、そうでない人もいるでしょう。
◎イラストが楽しいと思う人もいれば、気づきもしない人もいるでしょう。

まとめ、ワークシート、あるいはケーススタディーを気に入る人もいるでしょう。

私は、誰もがたやすく楽しみながら学習できるように、本書にそうした手法を取り入れています。読者のみなさんが『関係の法則』をときどき見返して、あらゆる状況でもっとうまくコミュニケーションを取るためには、どのように人の話に耳を傾けたり、どんな言葉を口に出したりすればいいかを思い出してくれることを、意図しています。

自分のコミュニケーションスタイルが書かれた箇所をすぐに見られるように、付箋を貼ってもいいかもしれませんね。

みなさんにこの本のシンプルさを味わい、家族に伝え、職場で紹介していただけたらと、心から願っています。シンプルな法則ひとつで、どこにいてもコミュニケーションがどれほど円滑になるかを、実感していただければ幸いです。

マイケル・J・ロオジエ

関係の法則 CONTENTS

Part 3 4つのNLPコミュニケーションスタイル

Part 4 会話のキャリブレーション

Part 7
プロフェッショナルが教える！関係を加速する10のテクニック

装　幀……………坂田政則
本文レイアウト・図版……山中 央
編　集……………青木由美子

この本の効能
～あなたの人間関係を改善する～

あなた自身には悩みがなくても、あなたの知っている誰かは、人間関係のごたごたについて文句ばかり言っているのではないでしょうか。家で、職場で、隣近所で、あらゆる場所で、私たちは人と人とのトラブルを耳にします。

ごたごたは、あらゆる場所のさまざまな関係に見られます。

- 夫婦
- 恋人
- 親子
- 先生と生徒
- 職場の同僚
- 上司と部下
- 企業間

この本では、コミュニケーションを円滑にし、より良い健全な関係を築くために必要な情報とテクニックをすべてお教えします。

ほんの少し言葉を変えるだけで状況が一変することもあれば、ほんの少しの言葉ではすまないこともあります。しかし、どんな種類の不仲やもめごとについても、この本はきっと役に立ちます。

プロセスやテクニックがあまりにもシンプルなので、「こんなに簡単なわけがない」とか、「単純すぎて、こんなことをしても状況は変わらないかも」などとつぶやく人もいるかもしれません。自分がそう考えていると気づいたら、とにかく思い出してください――結果を見ればわかる、と。

私は一九九九年から、夫婦、トレーナー、先生、コーチ、カウンセラーをはじめ、あらゆるタイプの人間関係にあるさまざまなタイプの人に、コミュニケーションを成功させる鍵を教えてきました。そして今、あなたにもお教えします。

楽しんで読んでください！

人との関係が深まり、ごたごたが解消するのを、目と耳で確かめてください。

この本の使い方

この本は二、三時間で読めます。何はともあれ、初めから終わりまで読みとおして、プロセスの全体像をつかんで理解してください。

次にもう一度読んで、Ｐａｒｔ２の「自分自身を知る10の質問」に答え、ワークシートを埋めてください。そうすると、本書の内容を理解して自分のものにしたうえで、日常生活に応用できます。さらに親しい人たちにも、10の質問に答えるように勧めてください。お互いのコミュニケーションスタイルについて学んだことを応用するのがどれだけ楽しいか、自分の目と耳で確認できます。

この本を家族のものにしましょう。職場に導入しましょう。

本書の内容をマスターしたら、あなたもいつの間にか、コミュニケーションスキルを伸ばして人間関係を広げる方法を、ほかの人に教えているかもしれません。

関係の法則は、なぜ「法則」なのか

たいていの人は、誰かと良い関係ができていた状況、またはしっくりいかず、つながることができなかった状況を思い出せるでしょう。

関係の法則によると、ラポール（調和した関係）がある二人の人間は、良い結びつきがつくれるのです。

【通則】

誰かとのラポールが深まるほど、その人との結びつきは強くなる。誰かとのラポールが浅いほど（またはラポールがこわれると）、その人との結びつきは弱くなる。

あなたのラポール、ひいては心のつながりは、どうコミュニケーションを取るかで決まります。

この本はあなたのコミュニケーションスタイルと、その強みや問題点を理解するのに役立ちます。そしてさらに重要なことに、ほかの人たちのスタイルとその強みや問題点を理解するのにも役立ちます。

つまりあなたは、観察と練習を重ねることで、あらゆるスタイルの人と関係を築ける「柔軟なコミュニケーター」になれるのです。

関係を築くために大切なのは、より柔軟なコミュニケーションをすることです。

フランスに行くとしたら、フランス語が話せるほうが、コミュニケーションはうまく取れるでしょう。柔軟にコミュニケーションを取れば、他人とすばやくラクに関係を築くことができます。

Part 1

関係を
築くための
３つの条件

～あらゆる人とつながるために～

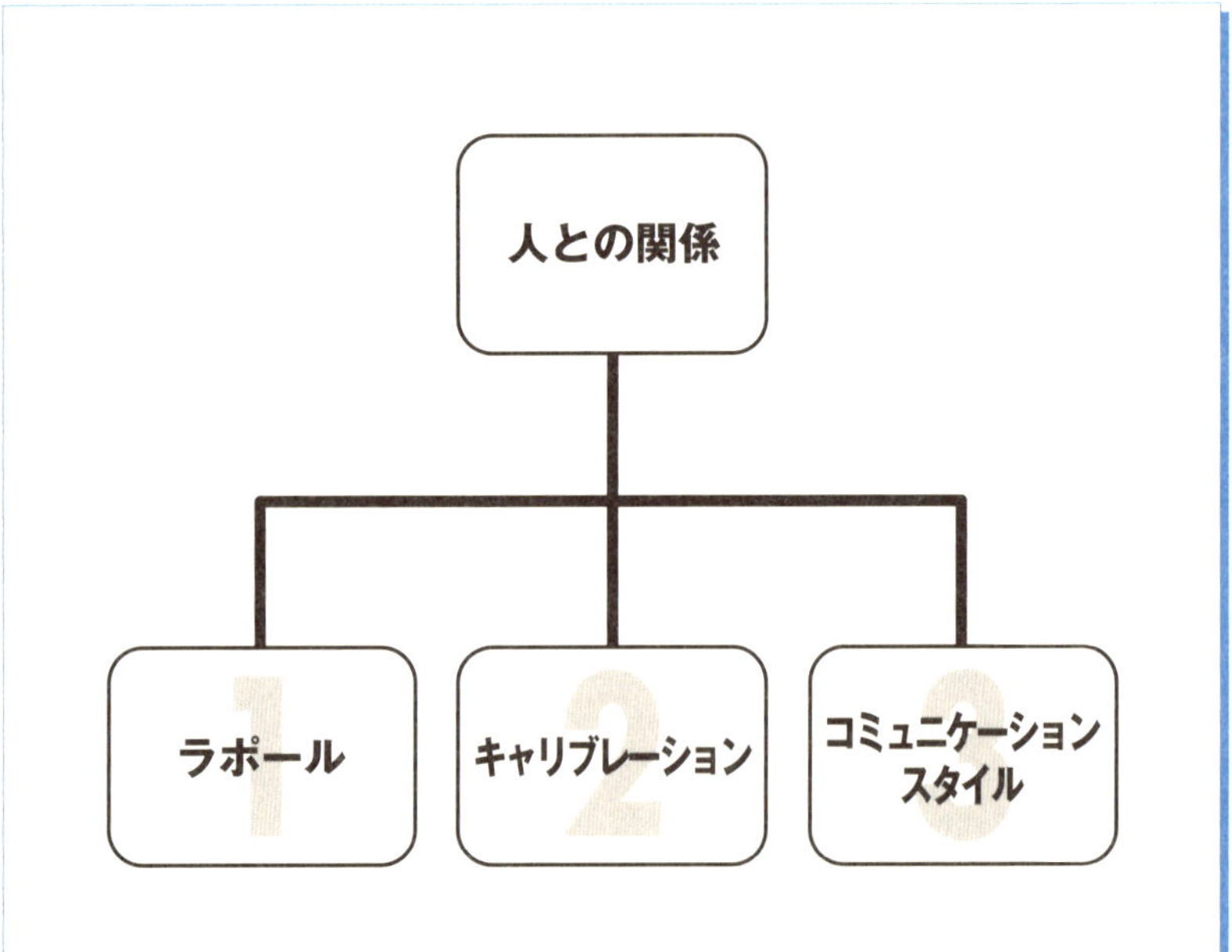
人との関係
ラポール
キャリブレーション
コミュニケーション
スタイル

RAPPORT

ラポール

ラポールを築くのに、どれくらいかかるでしょう?
数秒のときもあれば、数年のときもあります。
ラポールを、どれくらい維持すればいいのでしょう?
一生、大事にして育てることです。
ラポールをこわすのに、どれくらいかかるでしょう?
おそろしいことに、ほんの数秒です。
ラポールを修復するのに、どれくらいかかるでしょう?
残念ながら、修復できないこともあります。

ラポール——条件その1

たいていの人は、誰かに会ったとたん、その人を好きになった経験があるでしょう。あるいは、共通点があるにもかかわらず、会ったとたんに嫌いになった経験が。

○ラポール：rap-port【名詞】
関係。とくに親密な、あるいは気の合う関係。一致。調和。


一瞬で人とラポールを築ける場合もあれば、しばらくかかる場合もあります。

ラポールはコミュニケーションの重要な要素です。コミュニケーションには、言葉によるものと言葉ではないものの二つのレベルがあります。

たいていの場合、人とラポールを築けない、あるいはこわしてしまう共通の原因は二つあります。

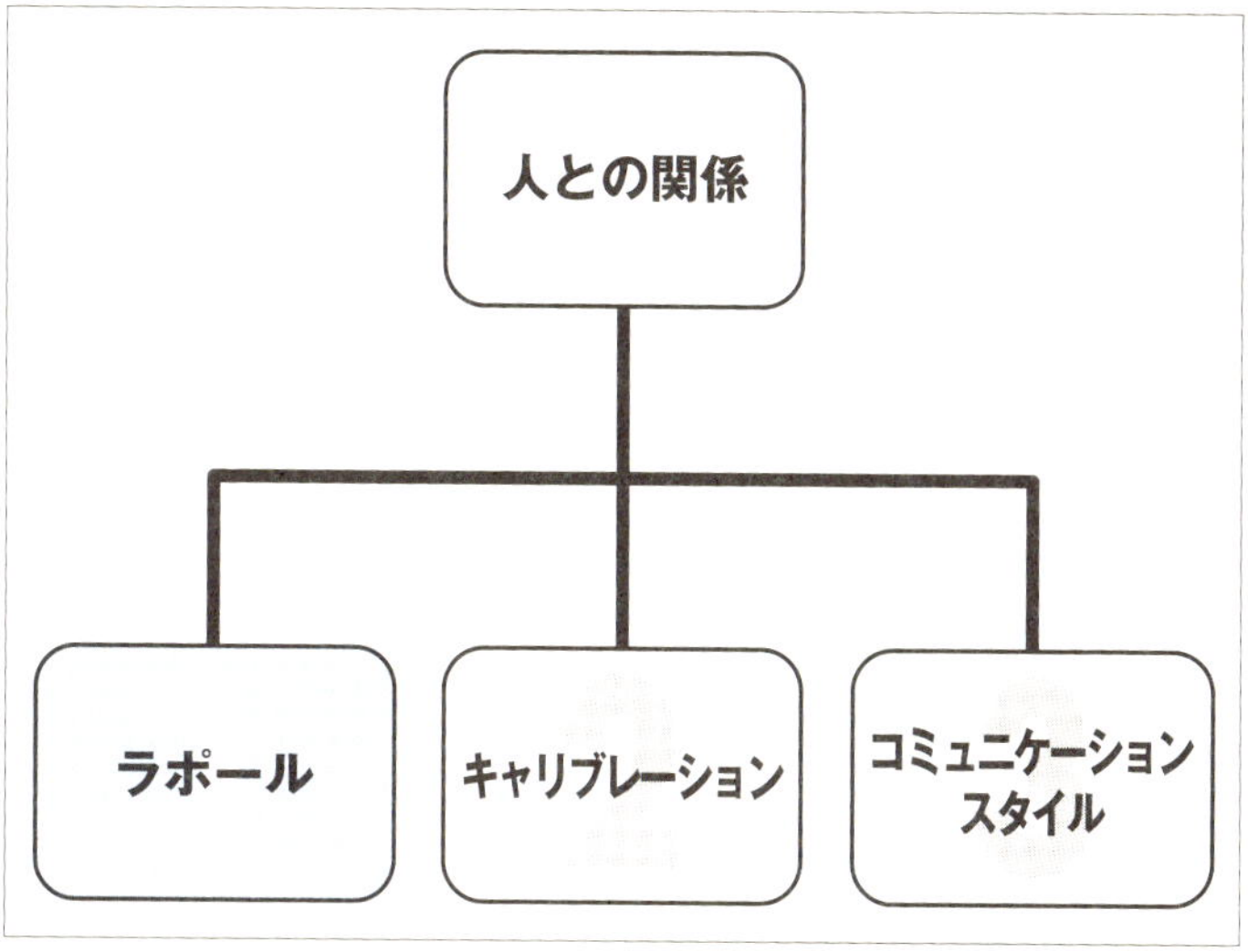

一つは、相手のコミュニケーションスタイルを示す言葉や言葉以外の手がかりに気づかないこと。

もう一つは、相手のコミュニケーションスタイルを理解していないために誤解が生まれることです。

この本では、ラポールを築くために、そしてこわさないために、必要なツールをすべてお教えします。

キャリブレーション——条件その2

キャリブレーションとは、相手に気を配り、気づいたことに対応するテクニック。

人の心や気持ちの状態を示す言葉と、言葉以外の手がかり（笑う、赤面する、爪をかむ、口ごもるなど）に気づいて、その人のスタイルに合わせるように、あるいは配慮するように、自分のコミュニケーションスタイルを調整することが大切です。キャリブレーションによってラポールを築くのです。

気を配っていないと、相手の考えや感じていることを理解せずに勝手に思い込んだり、間違った結論に飛びついたりするかもしれません。相手のスタイルに合わせて自分のスタイルを修正しないと、ラポールをこわすおそれがあります。

キャリブレーションの上手な人は、状況をすばやく判断し、ラポールを確立して維持するような対応ができます。まわりは、その人のそばにいると「心地良い」と感じます。

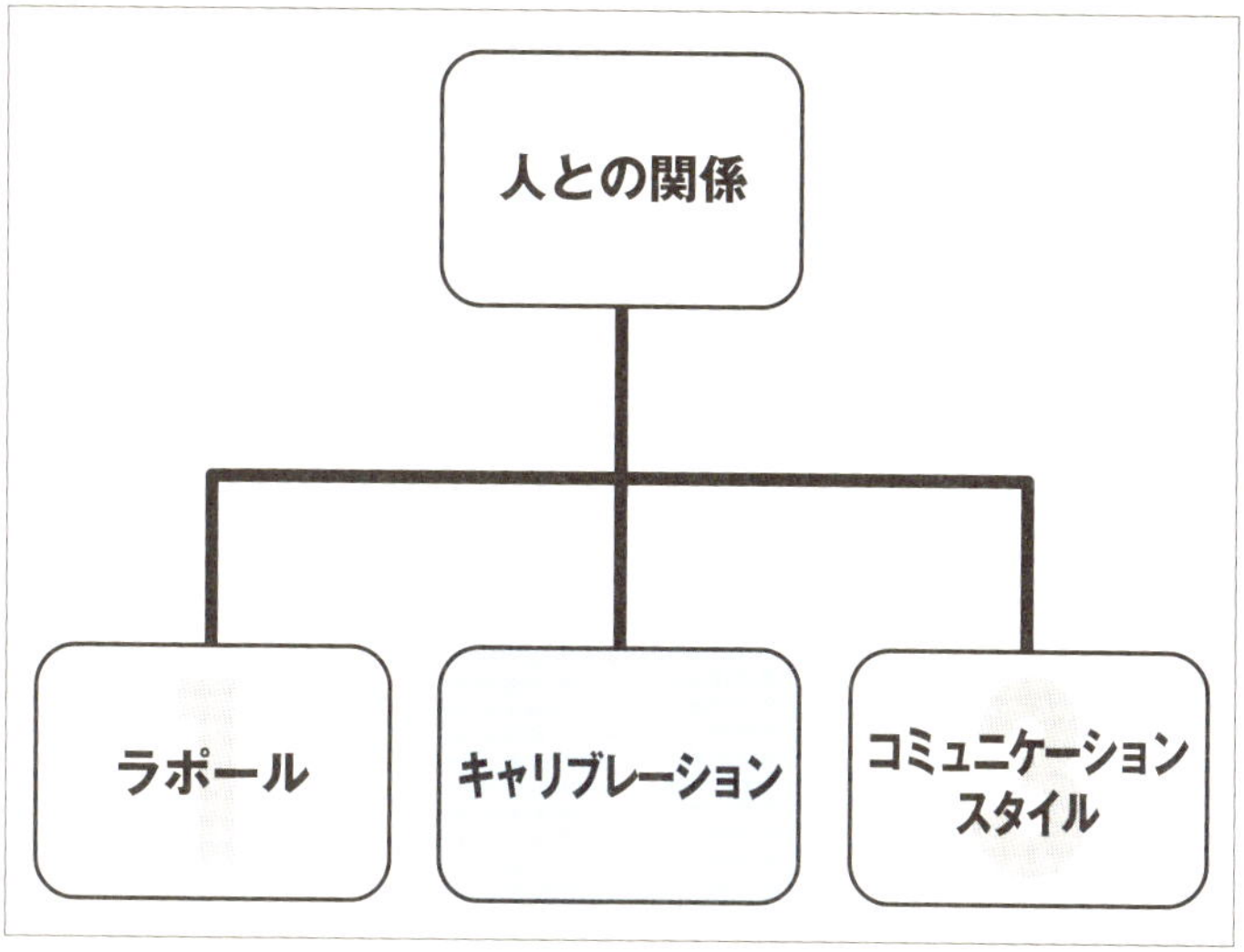

　キャリブレーションができない人は、相手にとって迷惑でいら立たしい存在となり、ラポールをこわすような誤解を招きます。例を三つ挙げましょう。

例① 仕事から帰ってきたとき

　共働きの夫婦が三〇分の時間差で帰宅します。先に帰ったのは夫でした。妻は家に着いたとき、仕事で大抜擢《だいばってき》されたことに興奮していました。しかし彼女はすぐに、夫が上着を着たままネクタイもはずさずにいること、キッチンでものに当たり散らしていることに気づきました。この二つを手がかりに、彼女は「何かあったな」と察します。そこで、すぐに自分のうれしいニュースを話すのではなく、キッチンに行って彼に「ただいま」と言い、心配そうにどうしたのかと尋ねました。こうした妻のキャリブレーションによって、夫婦のラポールが築かれたのです。

例② レストランでサービスするとき

レストランで客が深刻に話し込んでいるところに、元気すぎるウェイターが踊るように近づいていきます。テーブルの雰囲気を読もうともせず、にこにこ顔で告げました。「こんばんは、私はビフです。今夜お客さまのテーブルを担当いたします！」

このウェイターは深刻な雰囲気に気づかず、客に合わせて自分のスタイルを修正しなかったわけです——そのためラポールを築くのに失敗してしまいました。

例③ カフェテリアを出て図書室に入るとき

騒がしいティーンエイジャーの集団が、カフェテリアを出て図書室に入ったとたんにキャリブレーションを行い、図書室の静けさに合わせるように会話のボリュームを下げました。静かに勉強している人たち全員と、ラポールを築いたのです。

気分を表す言葉以外の手がかりの例

赤面する　青くなる　紫色の唇
あえぐ　呼吸が速い　呼吸が浅い
クスクス笑う　そわそわする　汗をかく
声を立てて笑う　両手をもむ　爪をかむ
ささやく　直立姿勢　前かがみ
口ごもる　黙り込む　何度も時計を見る
ほほ笑む　眉をひそめる　貧乏ゆすり

ほかの人の心や気持ちの状態に対して、どのようなキャリブレーションをすればいいのか？　上の図を見ればわかるとおり、手がかりが言葉以外のものしかない、というのはよくあることです。

職場で、大事な人間関係で、家族のあいだで、**言葉以外の手がかりを観察する機会はたくさんあります。**

このような手がかりを認識すれば、上手なキャリブレーションとラポールの深まりの直接的なつながりが見えて、理解できるようになるでしょう——キャリブレーションをしないと関係がこわれてしまうことも。

コミュニケーションスタイル——条件その3

関係をつくるための第三の条件「コミュニケーションスタイル」を理解することは、とても大切です。

この点を理解しないために心が通じないことが、非常に多いのです。

相手のコミュニケーションスタイルを理解し、それに合わせることができれば、キャリブレーションが上手になり、ラポールを維持できます。

その結果、良い関係が長く続きます。

人のコミュニケーションスタイルは、大きく分けて四つあります。

◉視覚(V＝ヴィジュアル)優位型
◉聴覚(A＝オーディトリー)優位型
◉体感覚(K＝キネスセティック)優位型

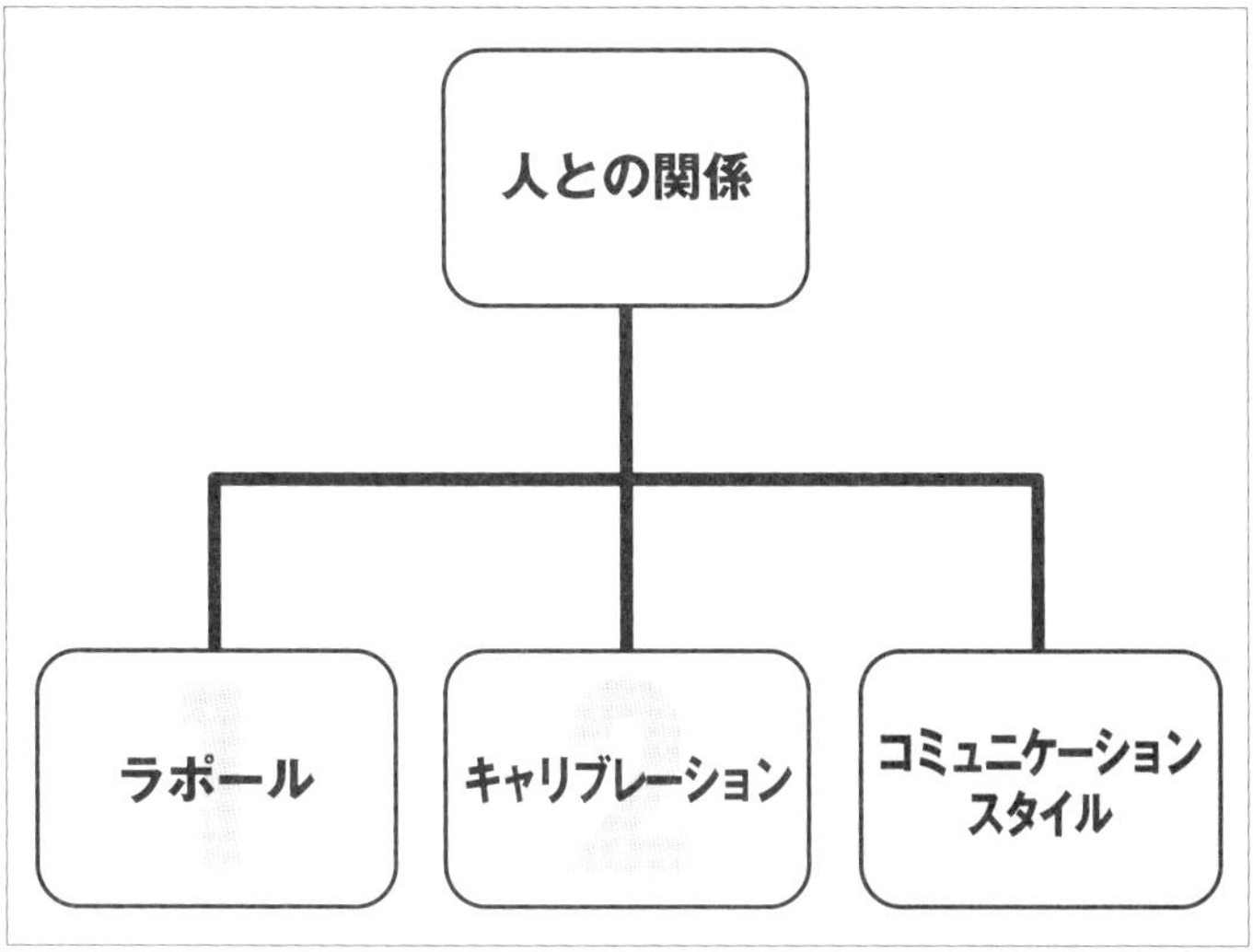

デジタル（D＝頭脳）優位型

本書ではV＝ヴィジュアル型、A＝オーディオ型、K＝からだ型、D＝デジタル型と呼ぶことにします。

コミュニケーションの相手がグループでも個人でも、四つのコミュニケーションスタイルそれぞれを理解することが、関係を維持するのに役立ちます。

Part 2

NLPによる
コミュニケーション
スタイル

～自分自身を知るために～

自分自身を知る10の質問

Ｐａｒｔ３でコミュニケーションスタイルについて学び、理解するお手伝いをするつもりですが、Ｐａｒｔ２ではまず「自分自身を知る10の質問」に答えましょう。あまり考えすぎずに、ぱっと直感で答えてください。４点満点とし、以下を基準として、□のなかに数字を書き込んでいきましょう。

４点＝自分に一番よく当てはまる
３点＝二番目によく当てはまる
２点＝多少当てはまる
１点＝まったく当てはまらない

質問①　重要なことを決めるとき基準になるのは……

□直感と安心感

□その考えがどう聞こえるか
□それがどう見えるか
□問題の的確な説明と調査

質問② 誰かと意見が対立したとき、とくに影響を受けそうなのは……

□相手の声の大きさと高さ
□相手の視点が見えるかどうか
□相手の意見の論理と根拠
□相手が私の気持ちに敏感かどうか

質問③ 人とコミュニケーションを取るとき、私にとって大切なのは……

□自分の身なりや外見
□自分の気持ちや経験を伝えること
□自分の言葉の意味が理解されているとわかること
□話を聞いてもらうこと

質問④ 誰かに大切な質問をされたとき、私は……

□注意深く聞いてから、確実に理解するために質問をする
□よく考えて自分の言葉を慎重に選ぶ時間がほしい
□自分の心の中で答えを探るための時間がもらえるとありがたい
□すぐに答えを出し、図で説明する

質問⑤ 私が考える「自分」は……

□周囲に波長を合わせている
□新しい事実やデータをラクに理解できる
□人間関係に敏感で柔軟
□創造力があり、大量の情報をすばやく処理できる

質問⑥ 本当の私がわかるのは、相手が……

□私の感じていることを理解してくれるとき

□私の視点が見えるとき
□私の言い分とその言い方に注意深く耳を傾けているとき
□私が伝えていることの意味に興味を持ってくれたとき

質問⑦ 誰かと一緒にプロジェクトに取り組んでいるとき、私は……

□自分のアイデアでプロセスを改善したい
□ヴィジョンと計画立案プロセスを担当したい
□やるべきことの順番を決め、物事を整理したい
□チームがしっかりした良い人間関係を築くのに協力したい

質問⑧ 物事を説明されるとき……

□見せられるとはっきりわかる
□聞くだけでよく覚えられる
□書き留めると吸収できる
□事実を論理的に示されると理解できる

質問⑨ ストレスがあるとき、私は……

□人や状況や意見を信用できない
□あまりにもストレートにずばりと言ってしまって、駆け引きができない
□自分の気持ちとほかの人が感じていることを区別できない
□柔軟に計画を変更できない

質問⑩ ラクで自然だと思うのは……

□心の中で何かがひらめくこと
□新しい考えがどこにぴったりくるかを話すこと
□絶対確実な手法の指示にしたがうこと
□イベントを企画し、計画を立てること

自分自身を理解するワークシート

質問①〜⑩のあなたの答えを、次ページの「自分自身を理解するワークシート」に書き写してください。質問ごとに右から左へ、四つの数字を転記していきましょう。

たとえば「質問①　重要なことを決めるとき基準になるのは……」の答えが、

4 直感と安心感
1 その考えがどう聞こえるか
3 それがどう見えるか
2 問題の的確な説明と調査

という得点であれば、表の質問①の空欄に、右から順に「4、1、3、2」と書き込んでいきます。Kの欄に4、Aの欄に1、Vの欄に3、Dの欄に2が入るはずです。質問②以降も同様に、右から順に、質問に答えた数字を転記しましょう。

【自分自身を理解するワークシート】

D	V	A	K	質問①
K	D	V	A	質問②
A	D	K	V	質問③
V	K	D	A	質問④
V	K	D	A	質問⑤
D	A	V	K	質問⑥
K	D	V	A	質問⑦
D	K	A	V	質問⑧
V	K	A	D	質問⑨
V	K	A	D	質問⑩

コミュニケーションスタイルのスコア

「自分自身を理解するワークシート」にまとめた数字を、次ページの「コミュニケーションスタイルのスコア」の表に書き写してください。

「質問①　重要なことを決めるとき基準になるのは……」の答えが、

K4直感と安心感
A1その考えがどう聞こえるか
V3それがどう見えるか
D2問題の的確な説明と調査

であれば、表の質問①の「Vの欄に3、Aの欄に1、Kの欄に4、Dの欄に2」と、書き込みます。質問②以降も同様に、アルファベットごとに数字を転記しましょう。

転記し終えたら、V、A、K、Dそれぞれの数字を集計し、Totalの欄に記入します。次に一番下の＊の空欄に、集計した数字の大きいものから順に書き込みましょう。

【コミュニケーションスタイルのスコア】

Total	D	K	A	V	
10					質問①
10					質問②
10					質問③
10					質問④
10					質問⑤
10					質問⑥
10					質問⑦
10					質問⑧
10					質問⑨
10					質問⑩
					Total

＊私のコミュニケーション処理の順番は

□ ➡ □ ➡ □ ➡ □

合計点が最高　　　　　　　　合計点が最低

自分のスコアを分析する

最高得点　あなたが人とコミュニケーションを取るときや、入ってくる情報を解釈するときの、優位で好みのスタイルを表しています。

最低得点　あなたが人とコミュニケーションを取るときや、入ってくる情報を解釈するときの、一番苦手なスタイルや一番好みでないスタイルを表しています。

同じ点数のものがある　あなたが二つ以上のコミュニケーションスタイルを好んでいる、もしくは苦手としていることを示しています。Ｐａｒｔ３で各スタイルについて学ぶうちに、どれをより好む傾向にあるのか、より頻繁《ひんぱん》に使う傾向があるのかがわかるでしょう。

１点の差でも、優位なスタイルや好みのスタイルを決めるのには十分です。

【あなたのまわりのコミュニケーションスタイルのスコア】

名前	No.1（最高得点）	No.2	No.3	No.4（最低得点）
sample	V	K	D	A
あなた自身				

自分のコミュニケーションスタイルがわかったら、家族や親しい人にも「自分自身を知る10の質問」に答えてもらいましょう。同じ手順で「自分自身を理解するワークシート」にも記入してもらい、「コミュニケーションスタイルのスコア」を出します。

自分とその人たちのコミュニケーションスタイルのスコアのアルファベットを上の表にまとめれば、誰のコミュニケーションスタイルがあなたに似ていて、誰のスタイルが反対なのかがわかります。相手のコミュニケーションスタイルに合わせることで、すべての人と良い関係を築くチャンスが生まれます。

自分と人の関係を理解する

会った瞬間すぐに、自分とまったくラポールがないように思える人がいることに、あなたは気づいていますか？

あなたが何かを言っても、その人には違うことに聞こえます。話がかみ合わず、誤解が生じます。単純に、お互い理解し合えないのです。

誰かとすぐにラポールを感じるときは、その人のコミュニケーションスタイルにぴったり合っている、そして関係ができているということです。

逆に言えば、ラポールがないと関係は築けません。それはおそらく、**コミュニケーションスタイルが違うためにお互い相手が言うこと、考えること、感じることを間違って解釈しているからでしょう。**

生きていくなかで、コミュニケーションスタイルが自分と違う人に出会う可能性は大いにあります。

あなたの家族は、全員同じコミュニケーションスタイルですか？　たぶん違うでしょう。

お互いに相手がどのように情報を受け取りたいかをわかり合えていたらどんなふうになるだろうと、想像してください。もっと幸せな家庭になること請け合いです！

仕事上でつきあう人たちはどうでしょう？　顧客やクライアントはみんな、あなたと同じコミュニケーションの取り方をしますか？　たぶん違うはずです。

営業職の場合はとくに、顧客のコミュニケーションスタイルを理解してキャリブレーションする能力は、良い人間関係をつくり、売り上げを伸ばすために欠かせないスキルといえます。

Part 3

4つのNLP コミュニケーション スタイル

～相手のことを知るために～

4つのコミュニケーションスタイルを知る

自分自身のコミュニケーションスタイルを知れば、自分がなぜ特定のやり方でものを言ったり、質問をしたりするのかがわかるでしょう。

また、ほかの人のスタイルを理解することで、なぜ彼らが今のやり方で情報を受け取ったり、伝えたりしているのか、その理由が見えてきます。

するとあなたは柔軟になり、相手のコミュニケーションスタイルをキャリブレーションできるようになるので、どんなタイプの人ともラポールを築き、関係を強めることができます。

これから、四つのタイプのコミュニケーションスタイルを紹介します。

自分自身のコミュニケーションの強みと問題点をもっと知り、なぜ良い関係を築ける人もいれば、うまく関係が築けない人もいるのかわかるでしょう。

さらに大切なことは、あらゆる人間関係でラポールを築くために、自分のコミュニ

V	ヴィジュアル型	Visual
A	オーディオ型	Auditory
K	からだ型	Kinesthetic
D	デジタル型	Digital

ケーションスタイルを調整する方法を学ぶことです。

36ページの「コミュニケーションスタイルのスコア」でチェックしたV、A、K、Dは、それぞれ上の図のようにコミュニケーションスタイルを表しており、最高得点のものが、その人のスタイルとなります。

◉あなたのコミュニケーションスタイルは、パートナーや配偶者とは違うかもしれない

◉子どもが複数いれば、コミュニケーションスタイルがそれぞれ、違うかもしれない

◉友だちのコミュニケーションスタイルは、あなた自身のスタイルと合うにせよ合わないにせよ、一人ひとり違うかもしれない
◉マネージャーや管理職の人は、四タイプすべての部下を持つかもしれない
◉あなたが教師なら、四タイプすべての生徒を教えるかもしれない
◉あなたが営業職なら、四タイプすべての顧客と取り引きするかもしれない

こうしたことを踏まえたうえで、四つのコミュニケーションスタイルについて順に解説していきましょう。

ヴィジュアル型のコミュニケーションをする人

あなたの最高得点がV（視覚）ならば、ヴィジュアル型のやり方で情報を処理し、コミュニケーションを取るタイプです。

逆にあなたの最低得点がVならば、視覚優位のヴィジュアル型のスタイルに注意を払わなくてはなりません。なぜなら、あなたにとって、つきあいにくかったり、関係が弱い人は、このコミュニケーションスタイルの持ち主かもしれないからです。

ヴィジュアル型のコミュニケーションをする人と良い関係を築くベストの方法を見つけ出せるように、もっとくわしく学んでおきましょう。

ヴィジュアル型の特徴

あなたがヴィジュアル型のコミュニケーションをするタイプなら、次に挙げる特徴が自分にもあると気づくでしょう。そうでない人は、ヴィジュアル型の人たちがどう活動するか――情報を受け取り、処理する際の一番やりやすい方法はどういうものなのか——を理解すれば、ずっと早くラクに関係を築くことができるでしょう。

◉物事を「絵」としてとらえる
◉心の中に視覚的なイメージを描くことで記憶する
◉物覚えが早い
◉予定がないとすぐ退屈する
◉時間を大切にするので、物事が予定どおりに始まって終わるのを好む
◉細かいことを網羅《もうら》するより「全体像」をざっくりつかむほうが好き

左の表に、ヴィジュアル型の人たちがよく使う言葉をリストアップしました。ヴィジュアル型の人にとってはとてもなじみ深い言葉でしょう。そうでない人にとっては外国語のように思えるかもしれません。表のそれぞれの言葉について、「あまり使わない」か「よく使う」のどちらかにチェックマークをつけてください。

いかがでしょう？　わかったことや気づいたことはありましたか？

「こういう言葉はほとんど使わないことに気づいた」

	あまり使わない	よく使う
ピント		
イメージ		
見る		
見える		
見せる		
思い浮かべる		
図		
明確な／明確に		
はっきりさせる		
絵		
明るい		
現れる		
どんより／ぼんやり		
眺める／見渡す		
照らす		

「こういう言葉をしょっちゅう使っている。使いすぎだろうか?」

こんな具合に、簡単に感想を書きとめておきましょう。人とラポールを築いて良い関係になるには、その人がしょっちゅう使い、よく聞きたがる言葉を知る必要があります。ヴィジュアル型とうまくつきあうために、彼らの言葉の特徴を理解しましょう。

もしあなたがヴィジュアル型なら、自分がどれだけ頻繁にこのような言葉を使うかを認識すれば、より柔軟なコミュニケーションができて、自分とは違うスタイルの人たちとの関係を強めることができます。

ヴィジュアル型がよく使うフレーズ

ヴィジュアル型のコミュニケーションをする人たちがよく使うフレーズを挙げておきます。傍線に注意して、耳を傾けてください。ちょっとしたあいさつにも、コミュニケーションスタイルが表れることがわかるでしょう。

- あなたの言いたいことが見えない。
- それではっきりしない。
- 私に隠さないで。
- 真っ赤になって怒る。
- とにかく全体像を教えて。
- 新しい見方をしたい。
- イメージがつかめる。
- あなたの話は見えている。

ぼやけていてよくわからない。
はっきりさせてくれない？

ヴィジュアル型がよく使うあいさつ

会えてうれしいです。
似合っているね。
お目にかかりたかったんです。
また会いましょう。
あなたのブログ（ツイッター）をチェックします。
またすぐ会えますよ。

ヴィジュアル型コミュニケーションの強みと問題点

コミュニケーションスタイルには強みと問題点があることを理解しなくてはなりません。もしあなたがヴィジュアル型なら、ほかの人たちがこのスタイルのどこが好きで（＝強み）、どんな点に困っているか（＝問題点）を知っておく必要があります。

ヴィジュアル型の特徴や行動の中にはいいものがたくさんありますが、同時にほかの人たちを困らせるものもあります。

問題点をきちんと認識し、それに対処する方法を学ぶことで、自分のコミュニケーションスタイルに対してもっと柔軟になり、自分と違うスタイルの人たちとの関係を強めることができます。

ヴィジュアル型のコミュニケーションで、好かれるところは……

◉一つのテーマから別のテーマにさっと移ることができる

◉「全体像」や「ヴィジョン」を理解し、それを念頭に置いて動くのが得意

◉時間管理能力が抜群
◉「全体像」や「将来のヴィジョン」に基づきアイデアを出すのが得意

ヴィジュアル型のコミュニケーションで、困ったところは……

◉時間やスケジュールが変更になると、かたくなになり、融通をきかせない
◉細かいことを聞いたり読んだりすることに耐えられない
◉詳細を飛ばしたがる
◉人にいらつく場合がある
◉せっかちで、人も自分も急きたてる傾向がある

ヴィジュアル型とラポールを築き、維持する

たいていの人は、誰かとのラポールをこわしてしまったり、誰かにラポールをこわされたりした経験があるので、どれだけ嫌な気持ちがするかを知っています。実際、そうなると、人と人の関係は断ち切られます。

逆に言えば、誰かとのラポールが深ければ深いほど、その人との関係は強くなります。もし、あなたがヴィジュアル型なら、次のリストをよく読み、自分を理解しましょう。ヴィジュアル型でない人は、何がヴィジュアル型の人とのラポールを築き、何がこわすかを知っておくことが大切です。

ヴィジュアル型とラポールを築くためのリスト

◉あらかじめ予定表を渡す
◉打ち合わせや会議はつねに手短に
◉開始と終了の時間を決め、守る

- 行事の変更、延期、スケジュール組み直しのときはきちんと知らせる
- 会話するときはすぐに要点を話す

ヴィジュアル型とのラポールをこわす行為のリスト

- 時間の余裕を与えずに、約束を変更する
- 微に入り細にわたり、ながながと話す
- 打ち合わせを長引かせる
- 予定されたミーティングに遅れる
- 詳細な情報を求める
- 留守電に長い伝言を残す、または長文のメールを送る

ヴィジュアル型がストレスを感じるとき

ストレスを感じたり、不安になったり、自分を見失っているときは、人生が一時的にバランスを崩しているように見えます。次に、ヴィジュアル型の人がストレスを感じそうな状況と、その際に示しそうな行動をリストアップしました。あなたがヴィジュアル型なら、身に覚えがあるでしょう。人にこのような行動が見られる場合、その人はほぼ間違いなく、ヴィジュアル型のコミュニケーションをする人です。

ヴィジュアル型の人がストレスを感じる原因は……

- 頭の中のイメージをあまりにも早急に、あるいはあまりにも頻繁に変えられると、意固地になって融通がきかなくなることがある
- 言葉や細目が多すぎたり、話がとめどなく続いたりすると、しびれを切らす
- 仕事が時間どおりに終わらなかったり、誰かが予定に遅れると、イライラする

次の作戦を見てみましょう。ヴィジュアル型の人がストレスを感じる原因がわかれば、そのストレスを和らげるために、あなたにできることがあります。あなた自身がヴィジュアル型なら、この作戦で自分の気持ちを静め、落ち着きを取り戻すことができます。

ヴィジュアル型の人に落ち着きを取り戻させる作戦

- スケジュール変更は、きちんと知らせる。プライベートなつきあいなら、ヴィジュアル型のパートナーとの約束に遅れそうなときは、必ず前もって知らせる。仕事の場合は、ぎりぎりになって会合の予定を変更しないようにする
- 情報は短くはっきりと。親睦のための活動にせよ仕事の打ち合わせにせよ、とにかく計画していることの「時間と場所」をはっきり示すこと
- ヴィジュアル型の人が必要とする、または望んでいるよりくわしい説明をしない
- 部屋や職場を整理整頓する時間を取ろうと提案する
- 休暇でも事業でも、すべてのプロジェクトはきちんと計画を立てるよう提案

ヴィジュアル型から答えを引き出す質問

人が質問にスラスラと答えるのは、あなたがその人のコミュニケーションスタイルに合わせていて、関係ができているとき。相手が共感できるフレーズを使うのは、そんな関係を築く良い方法です。

ヴィジュアル型から答えを引き出しやすい質問を挙げましょう。

- 私の言いたいことが見えている？
- 大丈夫に見えますか？
- あなたのイメージがどんなものか教えてください。
- あなたの目にはどう映りますか？
- イメージがつかめていますか？
- はっきりしているかな？

A	B	C
名前	視覚的に処理すると思う理由	関係が強いか（はい、いいえ）
例）ヴィクター	短時間の打ち合わせが好き、視覚的な言葉をよく使う、全体像を話す。	いいえ

あなたのまわりのヴィジュアル型

あなたのまわりにヴィジュアル型はいますか？

上のA欄にその人の名前、B欄にそう思う理由、C欄に、その人との関係が強いかどうかを「はい」または「いいえ」で表現してください。

「いいえ」と書いた人との関係を改善する方法は、次のページのノートに書いておきましょう。

関係改善のためにできること

例）

ヴィクターと話すときは細かいことを省く。

もっと視覚的な言葉を使うことを忘れない。

オーディオ型のコミュニケーションをする人

あなたの最高得点がA（聴覚）ならば、オーディオ型のやり方で情報を処理し、コミュニケーションを取るタイプです。

逆にあなたの最低得点がAならば、聴覚優位のオーディオ型のスタイルに注意を払わなくてはなりません。なぜなら、あなたにとって、つきあいにくかったり、関係が弱い人は、このコミュニケーションスタイルの持ち主かもしれないからです。

オーディオ型のコミュニケーションをする人と良い関係を築くベストの方法を見つけ出せるように、もっとくわしく学んでおきましょう。

オーディオ型の特徴

あなたがオーディオ型のコミュニケーションをするタイプなら、次に挙げる特徴が自分にもあると気づくでしょう。そうでない人は、オーディオ型の人たちがどう活動するか――情報を受け取り、処理する際の一番やりやすい方法はどういうものなのか

——を理解すれば、ずっと早くラクに関係を築くことができるでしょう。

◎聞いたことを一言一句、記憶する
◎聞いてすぐ覚え、ほとんどメモを取らない
◎話が上手
◎仕事のときや集中しているとき、ひとりごとを言う
◎「ああ」「うーん」「おお」「ふーん」といった声をよく出している

左の表に、オーディオ型の人たちがよく使う言葉をリストアップしました。オーディオ型の人にとってはとてもなじみ深い言葉でしょう。そうでない人にとっては外国語のように思えるかもしれません。表のそれぞれの言葉について、「あまり使わない」か「よく使う」のどちらかにチェックマークをつけてください。

いかがでしょう? わかったことや気づいたことはありましたか?

「こういう言葉はほとんど使わないことに気づいた」
「こういう言葉をしょっちゅう使っている。使いすぎだろうか?」

	あまり使わない	よく使う
響く／ハーモニー		
繰り返す		
耳を傾ける		
ざわつく／騒がしい		
話し合う		
鳴る		
聞く		
音		
ささやく		
聞こえる		
言う		
ぺちゃくちゃ		
ピンとくる		
静か		
声の届く		

こんな具合に、簡単に感想を書きとめておきましょう。人とラポールを築いて良い関係になるには、その人がしょっちゅう使い、よく聞きたがる言葉を知る必要があります。オーディオ型とうまくつきあうために、彼らの言葉の特徴を理解しましょう。

もしあなたがオーディオ型なら、自分がどれだけ頻繁にこのような言葉を使うかを認識すれば、より柔軟なコミュニケーションができて、自分とは違うスタイルの人たちとの関係を強めることができます。

オーディオ型がよく使うフレーズ

オーディオ型のコミュニケーションをする人たちがよく使うフレーズを挙げておきます。傍線に注意して、耳を傾けてください。ちょっとしたあいさつにも、コミュニケーションスタイルが表れることがわかるでしょう。

- もっと話して。
- あなたの言うことはよくわかる。
- 思い当たる節がある。
- 耳に心地良い。
- すべてがちんぷんかんぷんだ。
- 豚みたいにキーキー言う。
- 耳を傾ける。
- 耳を貸さない。

- それでピンときた。
- 私の心に響く。

オーディオ型がよく使うあいさつ

- しゃべるために電話してくれてうれしい。
- お話しできてうれしいです。
- 話すために電話しました。
- また話そう。
- また電話するね。
- またおしゃべりしましょう。

オーディオ型コミュニケーションの強みと問題点

コミュニケーションスタイルには、強みと問題点があることを理解しなくてはなりません。もしあなたがオーディオ型なら、ほかの人たちがこのスタイルのどこが好きで（＝強み）、どんな点に困っているか（＝問題点）を知っておく必要があります。

オーディオ型の特徴や行動の中にはいいものがたくさんありますが、同時にほかの人たちを困らせるものもあります。問題点をきちんと認識し、それに対処する方法を学ぶことで、自分のコミュニケーションスタイルに対してもっと柔軟になり、自分と違うスタイルの人たちとの関係を強めることができます。

オーディオ型のコミュニケーションで、好かれるところは……

- 「アイデアマン」でブレーンストーミングに欠かせない
- 話し合いが好きで、いろいろと説明してくれる
- 長所を活かして優秀な作家や編集者となっている

◉話をするのが上手、雄弁
◉改善するのが好き（状況とプロセスの両方）

オーディオ型のコミュニケーションで、困ったところは……

◉無愛想でとげとげしくなりがち、あるいは率直すぎるように思える
◉如才《じょさい》なく振る舞うことができない
◉意見を求められていなくても、自分の考えを強く主張する
◉聞いてもらっていないと感じるとすぐに怒る
◉腹を立てると、自分の主張を押し通し、相手を非難するために食ってかかる
◉よく話の腰を折り、人が言い終わるのを待てない
◉次から次へとコロコロ話題を変える
◉自分の考えが受け入れられないと、すねたり黙りこんだりしがち
◉自分の声に聞きほれがち
◉聞いてもらっていると納得するまで、同じことを何度も繰り返し言う

オーディオ型とラポールを築き、維持する

たいていの人は、誰かとのラポールをこわしてしまったり、誰かにラポールをこわされたりした経験があるので、どれだけ嫌な気持ちがするかを知っています。実際、そうなると、人と人の関係は断ち切られます。

逆に言えば、誰かとのラポールが深ければ深いほど、その人との関係は強くなります。もし、あなたがオーディオ型なら、次のリストをよく読み、自分を理解しましょう。オーディオ型でない人は、何がオーディオ型の人とのラポールを築き、何がこわすかを知っておくことが大切です。オーディオ型の人は「公正さ」を一番大事にするので、ラポールを築いたりこわしたりする行為は次のようになります。

オーディオ型とラポールを築くためのリスト

- その人自身のことについて尋ねる
- プレッシャーをかけない

- 一つの話題に専念するよう助ける
- 話をよく聞いてあげる
- 物事を小さなステップに分けてから、優先順位をつけるのを手伝う
- 相手が言ったことを復唱する
- 自分は「ちゃんと聞いている」と教える（「わかったよ」、「そうだね」など）

オーディオ型とのラポールをこわす行為のリスト

- 相手が話しているときに別のことをする（相手は聞いてもらっていないと感じる）
- しょっちゅう話をさえぎる
- 大きな声で話しかける
- とげとげしい口調で話す
- 相手が話をしているときに急かす
- いい加減な言葉遣いをしたり、文字を書き間違えたりする
- 雑音を立てる

Auditory

オーディオ型がストレスを感じるとき

ストレスを感じたり、不安になったり、自分を見失っているときは、人生が一時的にバランスを崩しているように見えます。次に、オーディオ型の人がストレスを感じそうな状況と、その際に示しそうな行動をリストアップしました。あなたがオーディオ型なら、身に覚えがあるでしょう。人にこのような行動が見られる場合、その人はほぼ間違いなく、オーディオ型のコミュニケーションをする人です。

オーディオ型の人がストレスを感じる原因は……

- 自分の考えを批判されたり拒絶されたりすると引きこもり、いら立つ
- 自分の話を聞いてもらっていないと感じると、声を荒らげる場合がある
- いったん会話に入ると、最終的にくどくどと長談義をする

次の作戦を見てみましょう。オーディオ型の人がストレスを感じる原因がわかれ

ば、そのストレスを和らげるために、あなたにできることがあります。あなた自身がオーディオ型なら、この作戦で自分の気持ちを静め、落ち着きを取り戻すことができます。

オーディオ型の人に落ち着きを取り戻させる作戦

- 意見や考えに耳を傾ける用意があることを知らせる
- 一定の期間、「サウンディングボード」（話を聞いて単純に反応する人）になる
- 完全に聞き手になり、誠心誠意、耳を傾ける
- 話が脱線したり、際限なくしゃべり続けたら、やんわりと正しい方向に戻す
- 本当に望んでいることに集中できるよう、手助けする

Auditory

オーディオ型から答えを引き出す質問

人が質問にスラスラと答えるのは、あなたがその人のコミュニケーションスタイルに合わせていて、関係ができているとき。相手が共感できるフレーズを使うのは、そんな関係を築く良い方法です。

オーディオ型から答えを引き出しやすい質問を挙げましょう。

- どう聞こえる？／いい話に聞こえる？
- 話してください。
- お互いに相手の話に耳を貸していますか？
- あなたの考えは？
- これにピンとくる？／ビビッとくる？
- どうすれば改善できるでしょう？
- あなたの心に響きますか？

A	B	C
名前	聴覚的に処理すると思う理由	関係が強いか（はい、いいえ）
例）アラン	しゃべるのが好き、すごく好き。アイデアを出すのが得意で、話をしたがる。	いいえ

Auditory

あなたのまわりのオーディオ型

あなたのまわりにオーディオ型はいますか？

上のA欄にその人の名前、B欄にそう思う理由、C欄に、その人との関係が強いかどうかを「はい」または「いいえ」で表現してください。「いいえ」と書いた人との関係を改善する方法は、次のページのノートに書いておきましょう。

関係改善のためにできること

例）

何かの改善方法を彼に聞いて、発言権を持たせるのがよい。

きちんと耳を傾け、「そうだね」と言ってそれをわからせる。

からだ型のコミュニケーションをする人

あなたの最高得点がK（体感覚）ならば、からだ型のやり方で情報を処理し、コミュニケーションを取るタイプです。

逆にあなたの最低得点がKならば、体感覚優位のからだ型のスタイルに注意を払わなくてはなりません。なぜなら、あなたにとって、つきあいにくかったり、関係が弱い人は、このコミュニケーションスタイルの持ち主かもしれないからです。

からだ型のコミュニケーションをする人と良い関係を築くベストの方法を見つけ出せるように、もっとくわしく学んでおきましょう。

からだ型の特徴

あなたがからだ型のコミュニケーションをするタイプなら、次に挙げる特徴が自分にもあると気づくでしょう。そうでない人は、からだ型の人たちがどう活動するか――情報を受け取り、処理する際の一番やりやすい方法はどういうものなのか――を理解すれば、ずっと早くラクに関係を築くことができるでしょう。

◉たいていゆっくり話す
◉聞いて学ぶより、実際にやることによって一番よく覚える
◉新しい情報の中を「手探りで進む」ために時間を必要とする
◉決断するように言われると、何かが正しい、または間違っている「感じがする」と言うことがある
◉新しい環境や状況に「慣れる」、または落ち着くのに時間がかかる

左の表に、からだ型の人たちがよく使う言葉をリストアップしました。からだ型の人にとってはとてもなじみ深い言葉でしょう。そうでない人にとっては外国語のように思えるかもしれません。表のそれぞれの言葉について、「あまり使わない」か「よく使う」のどちらかにチェックマークをつけてください。

いかがでしょう？　わかったことや気づいたことはありましたか？
「こういう言葉はほとんど使わないことに気づいた」

	あまり使わない	よく使う
感じる		
しっかり		
一緒に		
関係		
接触		
つながる		
押す		
とらえる		
ハード／ソフト		
完成		
楽しみ／遊ぶ		
しびれる		
こける／はまる／ぶつかる		
ゆったり		
つかむ／操る		

「こういう言葉をしょっちゅう使っている。使いすぎだろうか？」

こんな具合に、簡単に感想を書きとめておきましょう。人とラポールを築いて良い関係になるには、その人がしょっちゅう使い、よく聞きたがる言葉を知る必要があります。からだ型とうまくつきあうために、彼らの言葉の特徴を理解しましょう。

もしあなたがからだ型なら、自分がどれだけ頻繁にこのような言葉を使うか認識すれば、より柔軟なコミュニケーションができて、自分とは違うスタイルの人たちとの関係を強めることができます。

からだ型がよく使うフレーズ

からだ型のコミュニケーションをする人たちがよく使うフレーズを挙げておきます。傍線に注意して、耳を傾けてください。ちょっとしたあいさつにも、コミュニケーションスタイルが表れることがわかるでしょう。

- このことに触れておこう。
- ～になじむ。
- 案内して。
- とにかくそれがカンにさわる。
- ポイントをつかんだ。
- 正しい感じがする。
- これを把握している。
- もうそれには手を打った。

◎これはぴったりだ。
◎しっくりくる。

からだ型がよく使うあいさつ

◎電話してくれてすごくうれしい。
◎連絡をもらえてしあわせです。
◎旧交を温めよう。
◎また連絡できてうれしい。
◎気をつけて。
◎連絡してくれてありがとう。
◎また連絡してね。
◎連絡を取り合おう。

Kinesthetic

からだ型コミュニケーションの強みと問題点

　コミュニケーションスタイルには、強みと問題点があることを理解しなくてはなりません。もしあなたがからだ型なら、ほかの人たちがこのスタイルのどこが好きで（＝強み）、どんな点に困っているか（＝問題点）を知っておく必要があります。

　からだ型の特徴や行動の中にはいいものがたくさんありますが、同時にほかの人たちを困らせるものもあります。

　問題点をきちんと認識し、それに対処する方法を学ぶことで、自分のコミュニケーションスタイルに対してもっと柔軟になり、自分と違うスタイルの人たちとの関係を強めることができます。


からだ型のコミュニケーションで、好かれるところは……

- 人間関係を築くのがうまい
- 非常に誠実

◉育て、支える力がある
◉細かいことを大事にする
◉優秀なチームプレイヤー

からだ型のコミュニケーションで、困ったところは……

◉迅速《じんそく》な意思決定がほとんどできない
◉選択肢が多すぎると途方に暮れ、決められない
◉たいていの人が必要とするより、または望むより、くわしく説明しがち
◉おっとりしていて几帳面なので、ほかの人より仕事に時間がかかる
◉要求が多いので、個人的にも仕事上でも関係を維持するのに「手がかかる」

Kinesthetic

からだ型とラポールを築き、維持する

たいていの人は、誰かとのラポールをこわしてしまったり、誰かにラポールをこわされたりした経験があるので、どれだけ嫌な気持ちがするかを知っています。実際、そうなると、人と人の関係は断ち切られます。

逆に言えば、誰かとのラポールが深ければ深いほど、その人との関係は強くなります。もし、あなたがからだ型なら、次のリストをよく読み、自分を理解しましょう。からだ型でない人は、何がからだ型の人とのラポールを築き、何がこわすかを知っておくことが大切です。からだ型の人は「絆《きずな》」を一番大事にするので、ラポールを築いたりこわしたりする行為は次のようになります。

からだ型とラポールを築くためのリスト

- プライベートでも仕事でも、会合や行事についての予定表を用意する
- 「仲間だ」と感じられるように、必ずチームを組む

- 物理的環境を快適にしたいというニーズに敏感に対応する
- あらゆる行事やプロジェクトについて開始と終了の時間や日付を示す
- 創作、楽しみ、遊び、社交の時間をあげる
- はっきりしていて簡潔な選択肢を、数をしぼって用意する

からだ型とのラポールをこわす行為のリスト

- 疎外感を感じさせる
- 話の腰を折る、または説き伏せる
- 一度にたくさんの考えや選択肢を示して圧倒する
- からだ型の直感的・感情的な反応をばかにする
- 計画に対する貢献を軽んじる
- 楽しみをやめさせる
- やたらと分析してからだ型の創造性を抑えつける

Kinesthetic

からだ型がストレスを感じるとき

ストレスを感じたり、不安になったり、自分を見失っているときは、人生が一時的にバランスを崩しているように見えます。次に、からだ型の人がストレスを感じそうな状況と、その際に示しそうな行動をリストアップしました。あなたがからだ型なら、身に覚えがあるでしょう。人にこのような行動が見られる場合、その人はほぼ間違いなく、からだ型のコミュニケーションをする人です。

からだ型の人がストレスを感じる原因は……

- 疎外されている、仲間外れにされている、と感じる
- 状況や人間関係に心地良さや自信を感じないと、愛情を求め、注意を引こうとする
- 状況や人間関係に否定的なものを感じると引きこもり、心身ともに逃避したがる
- 選択肢が多すぎたり、やるべき仕事が複雑なとき、途方に暮れて逃げ出す
- 争いを避けようとして、自分の意見を主張せずに消極的になる

次の作戦を見てみましょう。からだ型の人がストレスを感じる原因がわかれば、そのストレスを和らげるために、あなたにできることがあります。あなた自身がからだ型なら、この作戦で自分の気持ちを静め、落ち着きを取り戻すことができます。

からだ型の人に落ち着きを取り戻させる作戦

- 支えになるにはどうすれば一番いいかを尋ねる
- 自分の居場所で一人になる時間をあげる
- 自分の気持ちと他人の気持ちを区別するように勧める
- 行動を起こして前に進み続けるために必要な手引きをする
- あまりにたくさんの情報を一度に提供して圧倒しない。プロジェクトを小さいステップに分割して、前もって「開始日」を教える
- 「あなたのサポーターになる」と言う
- チームとして一緒に対処しようと提案する
- 辛抱強く話を聞き、要点にたどり着くまで十分な時間をあげる

Kinesthetic

からだ型から答えを引き出す質問

人が質問にスラスラと答えるのは、あなたがその人のコミュニケーションスタイルに合わせていて、関係ができているとき。相手が共感できるフレーズを使うのは、そんな関係を築く良い方法です。

からだ型から答えを引き出しやすい質問を挙げましょう。

- どう感じますか？
- どうすればもっと快適になるだろう？
- これはぴったりくる？
- これに共感できますか？
- これで満足？
- これは効きますか？

A	B	C
名前	体感覚的に処理すると思う理由	関係が強いか（はい、いいえ）
例）カレン	私の質問に答えるのにすごく時間がかかるし、急かすと困ってしまうことがある。	いいえ

あなたのまわりのからだ型

あなたのまわりにからだ型はいますか？

上のA欄にその人の名前、B欄にそう思う理由、C欄に、その人との関係が強いかどうかを「はい」または「いいえ」で表現してください。

「いいえ」と書いた人との関係を改善する方法は、次のページのノートに書いておきましょう。

関係改善のためにできること

例）

私からの質問を「感じる」時間をあげる。

一緒にいる時間をとったり、仕事の話をする前にもっと心を通わせる。

しゃべるときは、もっと感情を表す言葉を使う。

デジタル型のコミュニケーションをする人

あなたの最高得点がD（頭脳）ならば、デジタル型のやり方で情報を処理し、コミュニケーションを取るタイプです。

逆にあなたの最低得点がDならば、頭脳優位のデジタル型のスタイルに注意を払わなくてはなりません。なぜなら、あなたにとって、つきあいにくかったり、関係が弱い人は、このコミュニケーションスタイルの持ち主かもしれないからです。

デジタル型のコミュニケーションをする人と良い関係を築くベストの方法を見つけ出せるように、もっとくわしく学んでおきましょう。

デジタル型の特徴

あなたがデジタル型のコミュニケーションをするタイプなら、次に挙げる特徴が自分にもあると気づくでしょう。そうでない人は、デジタル型の人たちがどう活動するか――情報を受け取り、処理する際の一番やりやすい方法はどういうものなのか――

を理解すれば、ずっと早くラクに関係を築くことができるでしょう。

◎段階を追って順番に記憶する
◎整然と、合理的かつ論理的に、情報を処理する
◎細かいところを非常に重要視する
◎周囲の世界を理解することへの強い欲求がある
◎頭の中で物事を解決することによって学ぶ
◎新しい情報を処理するのに時間がかかる

左の表に、デジタル型の人たちがよく使う言葉をリストアップしました。デジタル型の人にとってはとてもなじみ深い言葉でしょう。そうでない人にとっては外国語のように思えるかもしれません。表のそれぞれの言葉について、「あまり使わない」か「よく使う」のどちらかにチェックマークをつけてください。

いかがでしょう？　わかったことや気づいたことはありましたか？
「こういう言葉はほとんど使わないことに気づいた」

	あまり使わない	よく使う
認識する／わかる		
考える		
詳細		
知る		
説明する		
処理する		
論理的		
思いつく		
変化		
順序		
最初／最後		
思う／考え		
合理的		
決定する		
理解する		

「こういう言葉をしょっちゅう使っている。使いすぎだろうか？」

こんな具合に、簡単に感想を書きとめておきましょう。人とラポールを築いて良い関係になるには、その人がしょっちゅう使い、よく聞きたがる言葉を知る必要があります。デジタル型とうまくつきあうために、彼らの言葉の特徴を理解しましょう。

もしあなたがデジタル型なら、自分がどれだけ頻繁にこのような言葉を使うかを認識すれば、より柔軟なコミュニケーションができて、自分とは違うスタイルの人たちとの関係を強めることができます。

デジタル型がよく使うフレーズ

デジタル型のコミュニケーションをする人たちがよく使うフレーズを挙げておきます。傍線に注意して、耳を傾けてください。ちょっとしたあいさつにも、コミュニケーションスタイルが表れることがわかるでしょう。

- 疑いなく。
- 文字どおり。
- 詳細に説明する。
- 解明する。
- 理解する。
- 〜に注意して。
- わかってる。
- あなたの言っている意味はわかる。

デジタル型がよく使うあいさつ

- こんにちは。
- で、お話は？
- ジョンだけど……。
- それじゃあ。
- バイバイ。

デジタル型コミュニケーションの強みと問題点

コミュニケーションスタイルには、強みと問題点があることを理解しなくてはなりません。もしあなたがデジタル型なら、ほかの人たちがこのスタイルのどこが好きで（＝強み）、どんな点に困っているか（＝問題点）を知っておく必要があります。

デジタル型の特徴や行動の中にはいいものがたくさんありますが、同時にほかの人たちを困らせるものもあります。

問題点をきちんと認識し、それに対処する方法を学ぶことで、自分のコミュニケーションスタイルに対してもっと柔軟になり、自分と違うスタイルの人たちとの関係を強めることができます。

デジタル型のコミュニケーションで、好かれるところは……

- 複雑な問題を解決するのが得意
- 優れた戦略家

- 仕事やプロジェクトを順序立てて組み立てるのがとても上手
- 細かいことを非常にうまく管理する
- 行事、パーティー、遠足など、イベントを計画するのが得意
- さまざまな要素がどう組み合わさると「全体像」ができるのかがわかる
- とても義理がたい

デジタル型のコミュニケーションで、困ったところは……

- 新しい人、新しい状況、そして新しい考え方さえも、なかなか信用しない
- 邪魔されるのを嫌う
- 意固地になることがあり、命じられるのではなく、頼まれることを好む
- 情報を自分からは伝えない
- 具体的に聞かれないと人には教えない

デジタル型とラポールを築き、維持する

たいていの人は、誰かとのラポールをこわしてしまったり、誰かにラポールをこわされたりした経験があるので、どれだけ嫌な気持ちがするかを知っています。実際、そうなると人と人の関係は断ち切られます。

逆に言えば、誰かとのラポールが深ければ深いほど、その人との関係は強くなります。もし、あなたがデジタル型なら、次のリストをよく読み、自分を理解しましょう。デジタル型でない人は、何がデジタル型の人とのラポールを築き、何がこわすかを知っておくことが大切です。デジタル型の人は「知ること」を一番大事にするので、ラポールを築いたりこわしたりする行為は次のようになります。

デジタル型とラポールを築くためのリスト

- 予定表を用意する
- スケジュールを立てる

- 幕引きや仕上げの時間を考慮する
- 意思決定をするときは論理を用い、事実と数字で根拠を示す
- 静かでプライベートな仕事の環境を提供する
- 十分な準備をする
- 信頼していることを伝える

デジタル型とのラポールをこわす行為のリスト

- プライベートな空間に立ち入る
- ほかのことに集中しているとき、質問にすぐ答えてほしがる
- あまりにも多くの新しい考えを提示し、細かいことを処理する時間をあげない
- 頼んだり選択肢を示したりするのではなく、何かをするように命じる
- その人の貢献を当たり前のことと考えて、感謝することを忘れる
- 予定を途中で断りなく変更する

デジタル型がストレスを感じるとき

ストレスを感じたり、不安になったり、自分を見失っているときは、人生が一時的にバランスを崩しているように見えます。次に、デジタル型の人がストレスを感じそうな状況と、その際に示しそうな行動をリストアップしました。あなたがデジタル型なら、身に覚えがあるでしょう。人にこのような行動が見られる場合、その人はほぼ間違いなく、デジタル型のコミュニケーションをする人です。

デジタル型の人がストレスを感じる原因は……

- スケジュールに邪魔が入ったり、いつもの手順を狂わされると頑固に意地を張る
- 自分の秩序感覚が乱されると、まわりのニーズや気持ちを考えず、一人で修復しようとする
- ストレスを感じるとコミュニケーションを断つ
- いつか起こるかもしれないことについて、ストレスを感じる

次の作戦を見てみましょう。デジタル型の人がストレスを感じる原因がわかれば、そのストレスを和らげるために、あなたにできることがあります。あなたがデジタル型なら、この作戦で自分の気持ちを静め、落ち着きを取り戻すことができます。

デジタル型の人に落ち着きを取り戻させる作戦

- 事態を改善するには何が必要かを尋ねる
- 物事をじっくり考えるために一人になる時間をあげる
- プロジェクトに夢中になると食事を忘れることが多いので、食べるように言う
- 現在のプロセスを信じるように念を押し、将来についてあまり心配しないよう、はげます

デジタル型から答えを引き出す質問

人が質問にスラスラと答えるのは、あなたがその人のコミュニケーションスタイルに合わせていて、関係ができているとき。相手が共感できるフレーズを使うのは、そんな関係を築く良い方法です。

デジタル型から答えを引き出しやすい質問を挙げましょう。

- これが何を意味すると考えていますか？
- わかるかしら？
- 理解できますか？
- これで筋が通るかな？
- どう考える？
- これについてどういう考えをお持ちですか？
- くわしく説明してくれる？

A	B	C
名前	デジタル的に処理すると思う理由	関係が強いか（はい、いいえ）
例）アビゲイル	彼女がコンピューターで仕事をしているときにちょっとでも邪魔するとすごく嫌がる。	いいえ

あなたのまわりのデジタル型

あなたのまわりに、デジタル型はいますか？

上のA欄にその人の名前、B欄にそう思う理由、C欄に、その人との関係が強いかどうかを「はい」または「いいえ」で表現してください。

「いいえ」と書いた人との関係を改善する方法は、次のページのノートに書いておきましょう。

関係改善のためにできること

例）

アビゲイルが何かをしている最中に邪魔しないようにして、

彼女が前もって予定できるように話す時間を決めておく。

Part 4

会話のキャリブレーション

～４つのタイプとつながるために～

関係を築くためのキャリブレーション

Ｐａｒｔ３まであなた自身を理解し、四つのコミュニケーションスタイルについても、じっくり読んでいただきました。

自分自身が好む情報の受け取り方と処理方法がわかったはずです。

さらに、**自分にとって一番なじみが薄い、あるいは一番不自然なスタイルもわかったでしょう。**

こんなふうに思ったのではないでしょうか。

◉「これがまさに僕だな。僕は年中こんなことを言っている」

◉「これは心に響く」

◉「これこそ私の行動ね」

そして自分から一番遠いスタイルについて、こんなことを思ったかもしれません。

◎「私はこんな言葉を絶対使わない」
◎「こういう言葉は耳になじまない」
◎「こういう人にはものすごくイライラする」

いかがでしょう?
いろいろな人のコミュニケーションスタイルが見えてきましたか?

4つのケーススタディー

Ｐａｒｔ４では、いくつかの会話を紹介します。それを読めば、なぜスタイルの違う人同士がラポールを築くのは難しいと感じるのか知ることができるうえ、関係を築こうとしている相手に合わせて自分のスタイルを調整すると、ネガティブな力がポジティブな力に変わることもわかります。

本書でリアルな会話を〝盗み聞き〟しておけば、四つのコミュニケーションスタイルについて学んだことを、あなた自身の生活のあらゆる場面に活かすのもぐんとラクになるでしょう。

私たちはみな、仕事や私生活で「人と良い関係を築く必要がある」、あるいは「築きたい」と、毎日のように思っています。

プロジェクトで同僚の協力を得たいマネージャー。子どもに何かを説明する親。生徒とのコミュニケーションが不可欠な教師。そのほか、より深く有意義な人間関係を築こうとしている人はみな、キャリブレーションによって、あらゆるコミュニケーションがより効果的に、より建設的になることがわかるでしょう。

忘れてはならない大事なことがあります。

あなたがヴィジュアル型、オーディオ型、からだ型、またはデジタル型のコミュニケーションをする人だというだけで、別のスタイルの人とラポールを築いて関係を深められないわけではありません。

絶対に、つながれるのです。

それには、**相手に合わせて自分のスタイルを調整する方法を知ることが役に立つ**でしょう。

ここに挙げる四つのケーススタディーから、なぜコミュニケーションが断絶したのか、そして相手のコミュニケーションスタイルを理解すれば、いかに簡単にそれを修復できたかを読み取ってください。

エキスパートの「エドワード」を登場させ、秘訣を教えてもらうことにしましょう。彼は四つのコミュニケーションスタイルにくわしく、コミュニケーションに悩んでいる友人に、いつも快く力を貸してくれます。

売り上げを伸ばしたい！ ヴィジュアル型のヴィッキー

ヴィジュアル型のヴィッキーは、テレビ売り場で働いています。一人の顧客が店頭にあるテレビのマニュアルをチェックしていることに気づきました。一機種については、メモまで取っているようです。ヴィッキーはヴィジュアル型ですから、その客はテレビの外観が気に入っているのだと決めてかかり、近づいて言いました。
「いらっしゃいませ。そちらのテレビをお見せしましょうか？　この大画面でご覧になる映像は、本当にすばらしいですよ」

客：（ちょっと間をおいて）うーん、けっこうです。今はただ、情報を集めているだけなんで。
ヴィッキー：どんな映像かお見せしますよ。
客：保証はどうなっているのかな？　実はそこから始めたいんだ。
ヴィッキー：わかりました。まず画質をご覧いただけるよう電源を入れましょう。

客　…いや、私としては先に保証について教えてほしい。（さらに無愛想な声で）それに一人で買い物をしたいんだよ。質問があるときはこちらから声をかけるから。

客は二度とヴィッキーのそばに近寄って来ませんでした。引き続きメモを取ったあと、店を出て行ったのです。ヴィッキーは相手にされなかったのだと感じ、自分がその客とのラポールをこわしたのだと悟ります。

その日の夜、ヴィッキーは友人のエドワードに電話をし、アドバイスを求めました。エドワードは、「その客は細かいことを重視していたうえに、きちんとメモを取っていたから、デジタル型のコミュニケーションをする人だね」と答えました。

デジタル型の顧客のコミュニケーションの特徴

- マニュアルをチェックする
- 情報を集めてメモを取る
- 「保証はどうなっているか？」と質問する

◎「そこから始めたい」と言う
◎「質問があるとき」は声をかけると言う

「きみはデジタル型の客とのラポールをこわすような、ヴィジュアル型特有の言葉やフレーズを使っていたんだよ」とエドワード。説明を聞いたヴィッキーは、客との間に良い関係が築けなかった理由をきちんと理解できました。

さらにエドワードは、次にデジタル型に接客するときは、どうやり方を変えればいいのか、アドバイスしました。

ヴィジュアル型の販売員が、デジタル型に接客するには……

◎声をかける前に、顧客がもっと情報を集める時間をあげる
◎特定のモデルについて、どう考えているかを尋ねる
◎「保証についてくわしくお話ししましょうか？」と尋ねる
◎顧客が集めた情報を処理して決定を下すための時間をあげる
◎「疑問点が出てきたら遠慮なく声をかけてください」と言う

もし顧客がオーディオ型なら、そのニーズは……

- 「音はどうか？」と質問したい
- 別の機種について「もっと話してほしい」と思う
- 別のテレビに関する問題や自分の見解をながながと話したい

ニーズを知ったうえで、ヴィジュアル型が、オーディオ型に接客するには……

- 各機種が顧客の耳にどう「響いたか」を尋ねる
- 「これはどう聞こえますか？」と尋ねる
- 顧客の話が脱線したときにはソフトに引き戻す

もし顧客がからだ型なら、そのニーズは……

- 販売員と仲良くなりたいので、個人的なことを質問したい
- 「展示されているいろいろなテレビの『感じ』を確かめる時間」をほしがる
- 品ぞろえを「しっかり」確かめてから、また販売員を「つかまえたい」

ヴィジュアル型が、からだ型に接客するには……

- 新しいテレビに何が欲しいと「感じる」かを尋ねる
- 具体的に商品名を二つ程度挙げ、それらについて、もっとくわしくチェックするように勧める（そうすることで選択肢の数を減らす）
- 「ご自由に機種の『感じ』を確かめてください。一〇分後に参ります」と言う

ここがポイント！

エキスパートのエドワードはヴィジュアル型のヴィッキーに宿題を出しました。四つのコミュニケーションスタイルとそれぞれの行動を記した早見表を、スタッフルームかレジの脇に貼っておくことを勧めたのです。すぐに彼女は客のスタイルを見分けて、早見表を見なくてもキャリブレーションできるようになるでしょう。コミュニケーションスタイルについての情報を自分のものにして、自然にできるようにするのです。さらにエドワードは、その早見表についてスタッフ全員に教えることも提案しました。

Auditory

彼女とのラポールがこわれた！オーディオ型のアラン

オーディオ型のアランは、つきあっている彼女に何度も同じことを言わなくてはならないことに気づいています。また、自分が話題を変えることを、なぜ彼女がいつもとがめるのかが理解できません。自分の言葉に彼女が傷ついているように思うこともありますが、その理由もわかりません。

最近、アランと彼女はけんかをしました。アランが、彼女の計画に賛成した——正確には「それは良さそうなアイデアだね」と言った——のに、いざやろうとすると「賛成したわけじゃない」と言い出した、というのが彼女の言い分です。

アランに言わせると、彼は当初「その考えがどう聞こえるか」について意見を言っただけで、それをやることに賛成したわけではないのです。

彼女はさらに言います。たとえアランが彼女のどこが好きかしょっちゅう話していても、彼女が求めているのは触れられること、抱きしめられることだと。だから、アランと一緒にいても、「自分は特別な存在だ」という気持ちになれないそうです。

アラン：新しいプロジェクトのためのすごくいいアイデアについて聞いてくれよ。
彼女　：また別のアイデア？　このあいだ思いついたアイデアはどうなったの？　あれについては、まだ何もしていないんじゃない？
アラン：きみは僕の話を聞いていないみたいだね。全部きみに話したいんだ。
彼女　：どうぞ。でも、あなたは一つのことをやり通さないみたい。あっちこっちに首を突っ込んで。
アラン：きみは僕にとって大切なことなんかどうでもいいみたいだ。
彼女　：そんなこと言っていないわ。

再びこんな会話をかわしたあと、アランは誰に電話すればいいかを知っていました――エキスパートの友人エドワードなら、二人の関係のどこが悪いのか教えてくれるでしょう。
アランが自分と彼女が抱えている問題を説明すると、エドワードはすぐさま指摘しました。アランの典型的なオーディオ型の特徴が、二人のラポールを築く邪魔をしているのだと。とくに、アランの彼女はからだ型のようなので余計でしょう。

- アランはアイデアが豊富で、そのアイデアについて話したがるが、興味の対象がコロコロ変わる
- アランが「それは良さそうだ」と言うと、彼女は彼が賛成しているという意味だと思う。そのあとアランが行動に移さないと、彼女はがっかりして傷つく
- からだ型の彼女は、アランが感じることをただ話すのではなく、自分の感情をもっと態度で表してほしいと思っている
- アランはひどく無愛想になることがあり、声がそっけなくなることもある。しかし彼女はアランが口にする言葉だけでなく、声の調子にも敏感である

さらにエドワードは、どうすればアランはこの先、彼女ともっとラポールを築けるのか、アドバイスしました。

オーディオ型が、からだ型のパートナーとうまくつきあうには……

- 相手が何か提案してきたら、誤解を避けるために「そうだね、僕はそれをやりたい」、または「いや、やりたくない」と自分の意見を言う
- 自分がどう感じるかを話す代わりに、触れたり抱きしめたり、態度で示すようにする
- 相手がもっとハッピーでいるために、自分にできることがあるかどうか尋ねる

もしパートナーがヴィジュアル型なら、そのニーズは……

- アイデアの詳細をいちいち聞くのは面倒なので、「全体像」を教えてほしい
- やるつもりがないことにも、なぜ「良さそうなアイデアだね」などと言うのか、理由が「見えない」。私の時間を無駄にしただけじゃない、と言いたい

ニーズを知ったうえで、オーディオ型が、ヴィジュアル型とうまくつきあうには……

- 相手がどんなにきれいに見えるかを話すことで、ラポールを築く

◎頭に浮かんだすべてを取りとめなく話さず、簡潔に楽しく説明する
◎計画を立てたらきちんと守り、時間どおりに姿を見せるようにする

もしパートナーがデジタル型なら、そのニーズは……

◎「計画を実行に移すためにどんなステップを踏むつもりなの？」と尋ねたい
◎提案については、考える時間がほしい
◎計画のあれこれがうまくいかなかったらどうなるだろうと心配する

ニーズを知ったうえで、オーディオ型が、デジタル型とうまくつきあうには……

◎アイデアを論理的に説明し、それで納得できるか尋ねる
◎相手が話しているときには口をはさまないようにしてラポールを築く
◎相手が不自然に静かになったら、判断する材料として、どんな情報が必要かを尋ねる

ここがポイント！

エドワードはアランに、からだ型の彼女とのラポールを築く、またはこわす可能性のある事柄をリストにして、自然に頭に浮かぶようになるまで持ち歩くことを勧めました。さらに、からだ型のコミュニケーションをする人と関係を築く言葉を使ったり行動を実践したりする練習をすればするほど、カンニングペーパーを見る必要がなくなることも指摘しました。

Kinesthetic

同僚と仲良く働きたい！からだ型のケリー

からだ型のケリーはとても寂しい思いをしています。というのも、同僚が一緒にランチやお茶に行きたがらないのです。「職場で嫌われているのではないか？」と心配なケリー。一方、同僚たちは、ケリーと一緒のプロジェクトはいつも、本来より時間がかかるように思えるので、ストレスを感じています。

ケリー：一緒にランチしたいんだけど。そうすればプロジェクトの進行状況について話せるでしょ。

同僚：そう？　僕は昼休みに私用を四つ五つ片づけるつもりだったんだ。プロジェクトの進行って、とくに何を話し合いたいの？

ケリー：えっ、私はただあなたと顔を合わせて話をしたかっただけ。

同僚：本当のことを言うと、僕は何を話すかが決まっているほうがいいな。どれぐらい時間がかかるか、わかるからね。二人ともランチから戻る二時に、三〇分の打ち合わせをするということでいいかい？

ケリー：ええ、いいわ。あなたの調子がどうかも聞かせてね。

その夜、ケリーはエドワードに電話をかけ、自分の気持ちを打ち明けました。エドワードは「きみが悩んでいると聞いても驚かないよ。きみは体感覚的に物事を処理する人で、きみのコミュニケーションスタイルは違うスタイルの人にとっては扱いにくい場合があることを知っているから」と言いました。そしてからだ型のコミュニケーションをする人の特徴をいくつか指摘しました。

からだ型の同僚のコミュニケーションの特徴

- 大切なのは人間関係
- 人づきあいが好き
- 仕事に取り掛からないで個人的なことについてしゃべるのが好き
- 人と仲良くなりたい
- 同僚のことをよく知りたい

- 細かいことを説明しすぎる
- いつも就業時間外に同僚と何かをやりたがる
- いつも顔を突き合わせて打ち合わせをしたい

「同僚はきみのことが嫌いなわけじゃないと思うよ」とエドワードは言いました。「しかし私の直感だと、彼はヴィジュアル型のコミュニケーションをする人だね」

エドワードはそう思う理由を挙げました。

ヴィジュアル型の同僚のコミュニケーションの特徴

- 議題として何を考えているか知りたがる
- 打ち合わせは短く、ポイントを押さえたものにしたい
- 打ち合わせの具体的な時間枠を決めたい
- 仕事と個人的なつきあいを混同したくない

次にエドワードは、ヴィジュアル型の同僚ともっとラポールを築くために、これか

ら先、からだ型のケリーが使うべきフレーズを提案しました。

からだ型が、ヴィジュアル型の同僚とうまくつきあうためのフレーズ

◉「状況がどうなっているか、もっとイメージをつかみたかっただけ」
◉「あなたとのミーティングの段取りをしたいと思っていたの」
◉「あなたが忙しいのはわかっているから、手短にしましょう」
◉「細かいこと全部は必要ないの。全体像だけ教えて」

もし同僚がオーディオ型なら、その特徴は……

◉なぜ自分が一緒に昼食をとれないのか、ながながと、まとまりのない説明をする
◉なぜ昼食を一緒にとりたいかについてのケリーの説明を途中でさえぎる
◉ひどく無愛想に断る

特徴を知ったうえで、からだ型がオーディオ型の同僚とうまくつきあうには……

◉「あなたが取り組んでいるプロジェクトについて、もっと話して」と頼む（から

だ型は個人的な関係をつくりたいと思っているので、これはからだ型自身にとっても心地良い）

◉二人で話しているときは必ず、オーディオ型の話に誠心誠意、耳を傾ける

◉話が脱線しそうになったら、やんわりと本題に戻してあげる

もし同僚がデジタル型なら、その特徴は……

◉一緒に昼食をとりたい理由について、細かいことをいろいろ尋ねる

◉「スケジュールをどう合わせるか考えなくちゃ」と言う

◉話し合いのプランを具体的に説明してほしいと言う

特徴を知ったうえで、からだ型がデジタル型の同僚とうまくつきあうには……

◉「あなたに任せたほうがいいプロジェクトがある」と話し、ラポールを築く

◉「あなたの判断を信頼している、何であってもあなたが決めたことなら大丈夫」と言って安心させる

◉自分の頼みに対し、どう返事をするか考える時間をあげる

ここがポイント！

エキスパートのエドワードはケリーに、同僚のコミュニケーションスタイルを見分けるのに役立つから、同僚全員の名前と、それぞれがよく使う言葉やフレーズと典型的な行動を一覧表にするようアドバイスしました。そしてみんなのスタイルをもっとよく把握するまで、すぐに見られるようにファイルに入れ、デスクの上に置いておくようにと言ったのです。そうすれば、同僚全員と良い関係を築くことができるでしょう。

Digital

子どもにちゃんと勉強させたい！デジタル型のダン

デジタル型のダンは娘の宿題を手伝おうとしているのですが、ダンが立てた規則正しいスケジュールに娘がしたがおうとしないので、すっかりいらついています。

ダン：（バックに流れていたラジオを消しながら）この宿題スケジュールを守らなくちゃだめじゃないか。

子ども：そのやり方はピンとこない。あたしはこっちを少しやって、あっちを少しやって、っていうのがいいの。順番にやる必要はないわ。（また音楽をつける）

ダン：こんなふうに音楽をかけていたら集中できるわけがない。

子ども：あたしにはいい曲なの。ほとんど聞こえないし、全然邪魔にならないわ。

ダン：まったく。こんなにうるさくてどうしてものが考えられるんだ？

子ども：あたしの話を聞いていないのね。気にならないって言ったでしょ。

「とっちらかって」いて、始めたことを終わらせるようにはとても見えない娘に、ダンは頭がおかしくなりそうです。彼はひどくイライラしながら部屋を出ました。

またもや娘とダンは険悪な雰囲気に。娘は自分の話を聞いてもらっていないと感じています。

その夜、ダンはエキスパートのエドワードに電話をかけて助けを求めました。どうすれば娘はもっと自分のようになるのかと尋ねたのです。

ダンとしては、娘にきちんと順序立てて宿題に取り組んでほしいと思っています。ダンが先ほどの会話を一言一句繰り返すと、エドワードは、「きみの娘はオーディオ型だろう」と教え、なぜそういう結論に達したかを説明しました。

オーディオ型の子どものコミュニケーションの特徴

- BGMにラジオをかける
- 「自分の話を聞いていない」と相手を責める
- 集中するのが苦手で、次から次へとやることを変えるのを好む

次にエドワードは、ダンはデジタル型なので、すべてを順々に、自分にとって筋が通っていると思える順番どおりに、娘にやってほしいと思っているのだと説明します。しかし娘のスタイルはダンのスタイルと違うので、ダンの思うやり方はうまくいかないでしょう。

エドワードは、今度ダンが娘の宿題を手伝うとき、もっとうまくコミュニケーションを取ってラポールを築くのに役立つ、娘への質問をリストアップしました。

デジタル型の親がオーディオ型の子どもとうまくつきあうためのフレーズ

- 「これは大丈夫そうに聞こえるか？」
- 「おまえにはこれがどう聞こえる？」
- 「思い当たる節がある？」
- 「これはピンとくるか？」
- 「おまえの考えは？」

エキスパートのエドワードはダンに、娘のコミュニケーションスタイルがよく理解できるまで、先ほどの質問リストをポケットガイドのように財布に入れておくよう提案しました。おそらくすぐに理解できるでしょう。

もし子どもがヴィジュアル型なら、その本心は……

- 「お父さんはおしゃべりであたしの時間を無駄にしている」と言いたい
- 「なぜ、いろいろあたしに話す必要があるのか、理由が『見えない』」と思う
- 全体像だけ話して、あとは放っといてくれればちゃんとできる、と思う
- 終わったらやったものを「見せたい」

本心を知ったうえで、オーディオ型の親がヴィジュアル型の子どもにできること

- 子どもが何をしているのか「見せて」と頼むことによってラポールを築く
- 「これが良さそうなイメージだ」と言う
- 状況がどうなっているかを「見る」ために一時間後に戻ると話す——そして必ず時間どおりに戻る

もし子どもがからだ型なら、その本心は……

- 「英語の宿題はいい『感じ』だけど、数学は『楽』じゃない」と言いたい
- 親と一緒に宿題をやりたい
- 親が学生だったとき、宿題についてどう「感じたか」を聞きたい

ニーズを知ったうえで、オーディオ型の親がからだ型の子どもにできること

- どうすれば一番うまく宿題を「サポート」できるか尋ねる
- 「チームで取り組む」ことができると話す
- 子どもが途方に暮れないよう、数学などの問題を、小さなステップに分けるのを手伝う

Part 5

関係を強める
ごく簡単な
４つの方法

～毎日、前進するために～

効果的なコミュニケーション

- リフレーミング
- 未来ペーシング
- インストレーション
- 肯定的前提

これらは、より効果的なコミュニケーションを実現し、ひいては日常のあらゆる状況でより良い関係を築くために、誰もがマスターできる簡単な手法です。

自分自身の過去・現在・未来をどう見るか——そして人にどう見させるか——によって、ラポールを築けるか、それともこわしてしまうかが決まります。

自分が物事をポジティブに見たり話したりすればするほど、人とのコミュニケーションがポジティブになります。

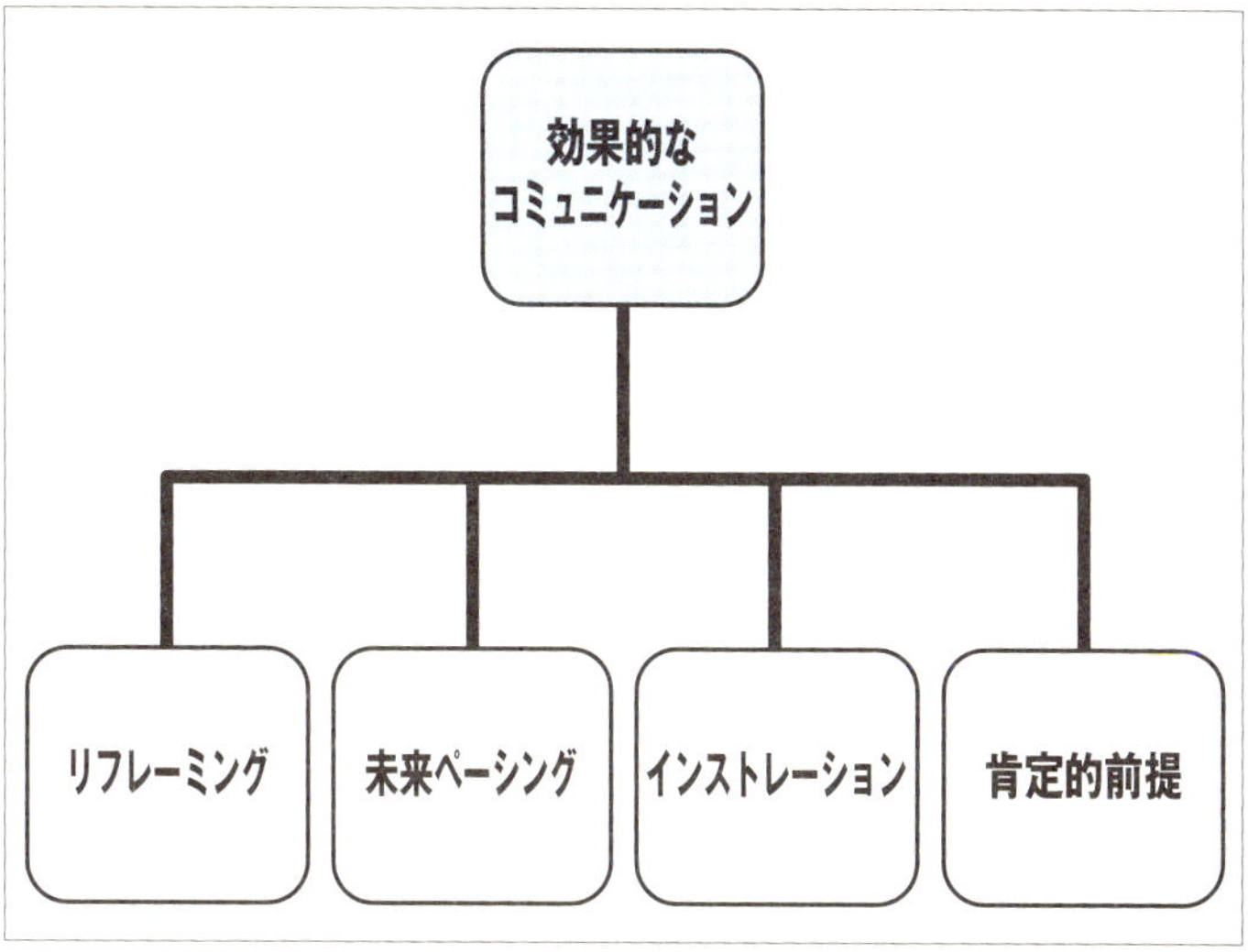

コミュニケーションがポジティブであればあるほど、人との関係が深まり、ポジティブな答えが返ってくる可能性が高くなります。

これから説明する四つの手法を、日常的なコミュニケーションに取り入れましょう。そうすれば、あなたは人生のあらゆる場面で、確実に良い関係を築き、相手とうまくやることができるでしょう。

リフレーミング

何かを「リフレーム」するとは、「物事を別の観点から見る」ということ。

リフレーミングは、ネガティブな筋書きとして見てしまいがちなものを、ポジティブな筋書きに変える方法です。

その効果は

一つの出来事の意味を変えると、ネガティブになるおそれのあるコミュニケーションを、ポジティブなものに変えることができます。そうすれば、コミュニケーションもうまくいくようになります。

どう効くのか

ネガティブな人——「コップに水が半分しか入っていない」という見方で人生を見

る人――とは、誰も一緒にいたくないでしょう。

あなたが自分のために何かをリフレームできれば、よりポジティブな態度でコミュニケーションを取れるので、**相手が「この人と一緒にいたい」と思う存在になれます。**また、人が何かをリフレームできるように助けてあげれば、その人は自分に自信を持つようになります。

そうなると、その人は自分に自信を持たせてくれたあなたと「一緒にいたい！」と思うようになるでしょう。

いずれにしても、リフレームによって、あなたは人とラポールを築くことになるのです。

リフレーミングについてのエピソード

旧友同士が、ランチをとっています。一人はある企業の中間管理職で、もう一人はフリーランスのマーケティング・コンサルタント。

「今年はすごく順調だったけど、契約中の最後のプロジェクト二つがもうすぐ終わったら、来年はどれだけ仕事があるか心配だよ」

コンサルタントがぼやくと、彼の話にじっと耳を傾けていた中間管理職が声を上げました。

「わあ、おまえは本当にラッキーだな！　うらやましい！」

「ラッキー？　最後のプロジェクトが終わったら、どうなるかわからないのに？」

「そう、そのとおり。でも考えてみろよ。おまえはこれまで順調だったから、二、三カ月はお金の心配をする必要がない」

「それはまあ、そうだ」

「それに、まだ仕上げていないプロジェクトからの収入だってあるだろう？　しかも充電して体調を整え、集中力を高めるための休み時間が取れるじゃないか。次のプロジェクトにパワー全開で臨む準備ができるぞ」

コンサルタントは笑顔になりました。

「なあ、今までそんなふうに考えたことがなかったよ。確かにおれは必死に働いてきた。ちょっとオフの時間をつくるのもいいよな。今までだってこういう状況になるたびに、何かしら仕事が回ってきた。ありがとう。おかげで物事をいいほうに考えられるようになった。もっと頻繁に会おうぜ。おまえといるといつも気が晴れるよ」

リフレーミング前

- 一週間ずっと雨が降っている。ひどい天気だ。
- 彼女が細かいことにやたらとこだわるので、気が変になりそうだ。
- 職場で一日中電話が鳴りっぱなしだった。

◉やっと仕事を終えて帰宅したのに、電話が立て続けにかかってくる。

リフレーミング後

◉この雨は庭にとって恵みの雨だし、街の汚れを洗い流してくれる。

◉細かいことを管理してくれる人がいるのはありがたいことではないか。そうしたことは確かに私には向いていない。

◉商売繁盛はうれしい。これだけ電話がかかってくるのはその証拠だ。

◉こんなに大勢友だちがいるなんて幸せなことだ。

未来ペーシング

「良くない経験、悪い結果になる」と予想しているものであっても、結局、あとになってみれば良いものだとわかる可能性は大いにあります。未来ペーシングとは、その考え方を人に伝える方法です。

その効果は

相手が未来をポジティブにとらえるよう、チャンスをつくってあげる。そんなあなたは、言ってみれば「幸運を運ぶ人」です。

あなたのコミュニケーション相手は前より楽観的になるので、自分自身だけでなくあなたのことも、よりポジティブにとらえるようになるでしょう。

どう効くのか

未来ペーシングは、相手を明るく望みのある未来へと「導き」ます。

この手法はとくに、相手が抵抗するかもしれないと思う提案や指示を行うときに使うと有効です。

ポジティブな結果を期待するように相手を導けば、予想される抵抗は消え、あなたの伝えたいことがはるかに快く受け入れられるようになるでしょう。

未来ペーシングについてのエピソード

子どもが宿題をやるのを嫌がって、「きっと難しいよ。僕にはできないと思う」と言っています。そこで母親は尋ねました。

「どうしてわかるの？　まだ始めてもいないじゃない」

話を聞くと、先生は宿題を出すときに、クラス全員にこう言ったそうです。

「日曜にやろうと思ってはだめよ。土曜にやりなさい。これは難しい宿題で、前に出したクラスはあまりよくできなかったから、一生懸命時間をかけてやる計画を立てなさい——みなさんにはそれが必要ですよ」

少年の母親はすぐに、先生が「宿題を終わらせるのは難しい」と子どもたちが予想するように導いたことで、ネガティブな影響を与えたのだと理解しました。

さらに、その宿題はおそらく、子どもが思っているほど難しくはないので、予想をもっとポジティブに変えるように導くのは簡単だとわかったのです。

「あなたなら、こんな宿題はお茶の子さいさいだと思うわよ。新しい知識ののみ込みが早いし教わったことをよく覚えるもの。お母さんの直感だと、あなたはこの宿題をさっさと終わらせて『僕にはすごく簡単だった』と自慢しに来るわね」

案の定、子どもはにっこり笑って宿題を始めました。そしてまもなく顔を輝かせて戻ってきました。

「わーい。お母さんの言うとおりだったよ。こんど誰かに何か言われて、『僕にはできない』と思いそうになったら、僕は新しいことののみ込みが早いってお母さんが言ったことを思い出すよ。それにお母さんが正しかったこともね」

未来ペーシングの例

- あなたは西海岸で一番暮らしやすい町に入ろうとしています！
- あなたは世界一のホットドッグを味わおうとしています！
- 私たちは迅速なサービスで有名です！
- 高速道路改良中につき、渋滞注意。

インストレーション

インストレーションとは、意図的な暗示を行うことによって、本人が気づかないうちに人に何かをうながすことです。人の心に暗示を「インストール」するのです。

その効果は

暗示を「インストール」することによって、相手が気づかないうちに関係を築くことができ、あなたが望むとおりの反応が返ってくる可能性が高まります。

どう効くのか

インストレーションは、潜在意識レベルのコミュニケーションに働きかけます。

たとえば、私がラジオ番組に出演していて、司会者になにか質問されたとしましょう。そんなとき私は、「これは私のセミナーの参加者から受ける質問ですね」と答える場合があります。こう話すことによって、私はリスナーの心に「これまで考えたこともなかったけど――セミナーを開催していることさえ知らなかったけど――マイケルのセミナーに参加したほうがいいかもしれない」という考えをインストールしているのです。

インストレーションについてのエピソード

ある交流会に参加したライフコーチは同じテーブルの人たちと仲良くなりましたが、クライアント獲得が目的だと思われないよう、気を配っています。

同じテーブルの四人のうち三人は小さな会社のオーナーで、仕事と家庭生活のバランスが取れず、ストレスがあります。ライフコーチは彼らを助けたくなり、「同じような問題を抱えているクライアントの話をしてもいいですか？」と尋ねました。

彼女はクライアントにどのようなストラテジー（戦略）を教えたかを話し、すぐに良い結果が出たことも説明しました。また、「クライアントと会うたびに、ストラテジーがどれだけ彼の人生を変えたか、つくづく思い知らされます」と付け加えたのです。

ライフコーチが話しているあいだ、同じテーブルの三人はじっと耳を傾け、メモを取っていました。

ライフコーチはクライアントについて話しているとき、実は、同じテーブルの三人にもコーチングのメリットをインストール（暗示）していたのです。会合の終わりに、一人がライフコーチの仕事に興味があるそぶりを見せ、セッションがどういうものかを説明してほしいと言いだしました。

情報とストラテジーを惜しみなく教えることで、ライフコーチは自分を売り込んだり、契約してくれるよう説得したりしなくても、クライアントを自然と引き寄せたのです。

ネガティブなインストレーション

- ころぶな。
- けがをしないで。
- やけどをしないように。
- 犬に注意。
- 濡れていると滑りやすいので注意。

◉橋からの飛び込み禁止。

ポジティブなインストレーション

◉調査表の「非常に満足」に○が付くのを見たいものです。

◉大勢の人が私のウェブサイトを毎日チェックしています。

◉多くのお客さまと同様、あなたも○○賞受賞の私どものデザートを味わったことを、自慢なさるでしょう。

肯定的前提

何かについて「肯定的な前提を持つ」ということは、それが可能である、あるいはそれが起こると仮定することです。

その効果は

質問などのコミュニケーションに肯定的前提を取り入れると、自分の求めている反応が返ってくる可能性がぐんと高くなります。

どう効くのか

人と関係を築くためには、対話をする必要があります。質問や提案に肯定的前提を取り入れることによって、相手が会話をどんどん広げるような反応を返してくるようになります。それはつまり、二人が関係を築くということです。

肯定的前提についてのエピソード

新学年が始まって、燃えている新任の高校教師。仕事への情熱にあふれた彼女は、生徒たちをやる気にさせ、変えるような教師になると心に決めていました。ところがティーンエイジャーの生徒たちを、積極的に授業に参加させようと問いかけたところ、彼女はびっくりしました。

「誰か質問はない？」

「意見はありますか？」

「これでわかりますか？」

「答えがわかる人はいる？」

「これで理解できますか？」

彼女が良かれと思って投げかけた質問すべてに、同じ反応が返ってきたのです

――ぽかんとした表情と沈黙。

挫折感と失望を味わった彼女は、すばらしい実績を誇る人気教師に相談しました。そのベテラン教師は新しい同僚の悩みを聞いて、尋ねました。
「きみがそういう質問をするとき、参加したいと思っている生徒や答えがわかっている生徒がクラスにいると思っているのかい?」
「ええ! 参加したがっている生徒はいますよ!」と彼女は即答しました。
そこでやり手のベテラン教師は、自分が手伝うから質問を言い換えてみようと提案しました。答えたがっている人や答えを知っている人がいることを前提とした二ュアンスの質問にするというのです。
「誰が先に答えたい?」(誰かが先に答えたがっているという前提の質問)
「質問がある人が二、三人いる気がするんだけど、誰かしら?」(質問がある人がいるという前提の質問)
「次は誰の番かしら?」(誰かが次に答えたがっているという前提の質問)
新人教師はこのようなフレーズを使い始めたとたん、肯定的前提によって自分の望む結果が出ていることに気づきました。生徒たちは問いかけに反応するようになり、教室に対話が広がったのです。

肯定的前提の例

◉子犬のトイレトレーニング法を三日で覚えなさい。（三日でできることが前提）
◉あなたの記事でウェブサイトへのアクセスを増やす方法を学びましょう。（記事によって、ウェブサイトへのアクセスが増える可能性があることが前提）
◉次に行きたいのは誰？（誰かが次に行きたがっていることが前提）
◉誰が最初に行きたい？（誰かが最初に行きたがっていることが前提）
◉まだ話していないけれど、話したい人は誰ですか？（まだ話していないけれど話したい人がいることが前提）
◉このクラスの一番好きなところを教えてください。（このクラスに好きなところがある人がいることが前提）
◉あなたたちがゴミを出したら夕食にしましょう。（誰かがゴミを出すことが前提）
◉私の本について熱心に人に話す中で……（聞き手は熱心に話そうとしていることが前提）

Part 6

人生の
あらゆる場面で
関係を築く

～より良い生き方をするために～

ポジティブな関係を築く

私たちはみな、家庭で、職場で、学校で、地域で、さまざまなコミュニケーションスタイルを持つさまざまな人々と関係しながら、一日の大半を過ごしています。まわりの人たちとポジティブな関係を築けば築くほど、あなたは人生のあらゆる場面でもっと幸せになり、もっと成功するでしょう。

Ｐａｒｔ６では、とくに身近な七種類の人間関係において、コミュニケーションスタイルの異なる四タイプそれぞれとラポールを築き、維持する方法を学びます。

① 配偶者・パートナー
② 親子
③ 上司と部下
④ 営業と顧客

⑤ウェブサイトの管理人と訪問者
⑥コーチやカウンセラーとクライアント
⑦先生と生徒

人間関係とは、スタイルがほぼ確実に違う人たちの集団と、コミュニケーションを取らなければ成り立ちません。相手のスタイルとそれぞれにアピールするコミュニケーション方法にくわしければ、全員と心を通わせることができるでしょう。

覚えているでしょうか？　私は最初に、さまざまなコミュニケーションスタイルの読者にアピールするために多種多様なテクニック――余白の活用、イラスト、ワークシート、ケーススタディー――を使うと言いました。あなたもラポールを築こうとするとき、同じことができるのです。たとえば、「私の話が見えていますか？」ピンと来ますか？　どう感じますか？　筋が通っていますか？」と問いかけた場合、問いかけられたほうは気づかなくても、あなたはすべてのスタイルの人が反応できるよう、同じことを四つの違う方法で尋ねているのです。相手がよく使う言葉や好むフレーズを、ほかの好き嫌いと同じように意識すると、ラポールが自然に築かれるでしょう。

配偶者・パートナー——関係その1

配偶者やパートナーとあなたのコミュニケーションスタイルが違う確率は、四分の三。お互いに相手のスタイルを確認してキャリブレーションできる能力が高ければ高いほど、**相手が喜ぶような方法で愛情や感謝の思いを表現できるでしょう。**

●「コミュニケーションスタイルのスコア」は？

まず、あなたが28ページの「自分自身を知る10の質問」で自らのコミュニケーションスタイルを判定したあと、配偶者やパートナーにやってほしいと頼みましょう（二人で同時にやる手もあります）。目的は、それぞれが相手をもっとよく理解することによって、すでに二人が築いているラポールを最大限に強くすることだと説明してください。

ここがポイント！

テスト結果を教え合うのは、とても楽しいことです。わかったことを受け入れる方法として、それぞれのスタイルについて互いをからかい合うのもいいでしょう。

相手がどういうコミュニケーションを好むか思い出すために、「コミュニケーションスタイルのスコア」を二人が目にする場所に貼っておきましょう。

●コミュニケーションスタイル別・愛情の示し方

ヴィジュアル型　→　贈り物をする
オーディオ型　→　相手への気持ちを話す
からだ型　→　触れる
デジタル型　→　相手に尽くし、具体的に何かをする

●コミュニケーションスタイル別・好みの愛情の示され方

ヴィジュアル型　→　贈り物をもらう

オーディオ型　↓自分への気持ちを聞く

からだ型　↓触れられる

デジタル型　↓自分のために相手が何かしてくれる（例：マッサージなど）

●コミュニケーションスタイル別・感謝の示し方

ヴィジュアル型　↓贈り物をする、お金を渡す

オーディオ型　↓「ありがとう」と言葉で言う

からだ型　↓ありがとうのカードを書く

デジタル型　↓行動で示す、尽くす

●コミュニケーションスタイル別・決断の仕方

ヴィジュアル型　↓たくさんの詳細情報を必要とせず、すぐに決断できる

オーディオ型　↓一連の質問をしたあと、すぐに決める

からだ型　↓「しっかり探る」時間が必要。選択肢を絞らないとダメ

デジタル型　↓整理する時間が必要。じっくり考えているあいだは黙ったま

まかも

相手のコミュニケーションスタイル別・アイデアや情報の伝え方

ヴィジュアル型の相手には……

- 簡潔にまとめる
- アイデアの全体像を示す（詳細は少しだけ）
- 言葉を入れた「絵」を描く
- すぐに要点を話す
- 良さそうに「見える」かと尋ねる

オーディオ型の相手には……

- 要点を話す（無愛想でもかまわない）
- 「アイデア」として伝える
- 伝えたことについて話し合い、相手の考えを聞く用意をしておく
- 相手に「改善」やアイデアの追加を求めるつもりでいる

・良いアイデアのように「聞こえる」かと尋ねる

からだ型の相手には……

・アイデアを伝えるのに適した時間を調整する
・アイデアを、相手にとって楽しいもの、面白いものにする
・良いアイデアのように「感じる」かと尋ねる

デジタル型の相手には……

・アイデアを相手にとっての珍しい経験として伝える
・詳細やオプションをたくさん示す
・選択肢を示す
・整理してよく考える時間をあげる
・そのアイデアについてどう「考える」かと尋ねる

親子——関係その2

あなたが親なら、子どもとコミュニケーションを取って心を通わせるのがいかに難しいか、よくおわかりでしょう。

子どもが二人以上いて、それぞれコミュニケーションスタイルが違い、しかもあなたのスタイルとも違う場合、問題はさらに複雑になるかもしれません。

さらに、あなたのコミュニケーションスタイルが配偶者やパートナーと違う場合、子どもとラポールを築くためにそれぞれが別々の調整をしなくてはなりません。

あなたには子どもが二人いて、一人は言われれば必ず部屋をきれいにするのに、もう一人は何度言われてもゴミ出しを忘れるようだと感じていないでしょうか？

あなたの長女はたった六歳のとき、「パズルをお片づけしてから手を洗って、お昼を食べにキッチンへいらっしゃい」と一回言われれば、そのとおりにしていたかもしれません。しかし今、当時の娘と同じ年の息子は、同じことを命じられると、「いったい何をしていたのか？」と思うほど長い時間がかかるかもしれません。「助けてほしい」と言ったり「一緒にやってほしい」とすがってくることもあるでしょう。

この場合、娘はおそらくデジタル型のコミュニケーションをする子どもなのに対し、息子のほうはからだ型なのです。

「相手が使う言葉を話す」ことを覚えれば、ほとんどすぐに、あらゆるスタイルの子どもとうまくコミュニケーションが取れるようになり、親子関係が強まるでしょう。

「コミュニケーションスタイルのスコア」は？

自分自身のスタイルがわかれば、自分のコミュニケーションを観察し、子どものスタイルと合うように調整できます。

子どもがテストを理解して記入できる年齢なら、やるように言ってみましょう。子どもは自分のコミュニケーションスタイルを知り、あなたのスタイルとどのくらい同じでどのくらい違うか確かめることを楽しいと思うでしょう。あなたのスタイルに合わせて自分のコミュニケーションを調整するようになるかもしれません。それをうながすために、関係は双方向のものだという考えを「インストール」しましょう。

子どもが自分でテストをできない年齢であれば、あなたが子どもの立場になって、子どもがこう答えるだろうと思う答えを書きましょう。各スタイルへの理解が深いほど、正確な答えが出せます。子ども一人ひとりに、あなたの答えに賛成かどうかを尋ねてもかまいません。

子どもが二人以上いる場合、全員のスタイルを理解すれば、それぞれと最も強い関係を築くようなコミュニケーションの方法を考え出し、実行することができます。

さらにおまけとして、**スタイルの違う子どもたち同士が関係を深める**――そして子どもたちがもっと仲良くなる――のに役立つツールも手に入ります。

ここがポイント！

あなた自身と子どもそれぞれのコミュニケーションスタイルのスコアを、冷蔵庫か食器棚か洗面所の鏡にでも貼っておきましょう。キャリブレーション方法を思い出すために、各スタイルがよく使う言葉のリストも貼るといいでしょう。

◎子どものコミュニケーションスタイルに合わせるキーワード

ヴィジュアル型　⇩見る、絵、イメージ、見える、意見

オーディオ型　⇩聞く、聞こえる、響く、話して、ハーモニー、アイデア

からだ型　⇩感じる、触れる、一緒、心地いい、つながる

デジタル型　⇩認識、考える、詳細、知る、説明する、理解する、整理する、論理的

◎子どものコミュニケーションスタイル別・ラポールの築き方

ヴィジュアル型の子どもには……

- あまり細かいことを話さない
- 課題を終わらせるために、どれくらい時間があるかを教える
- 何かが予想されるときは、前もって知らせておく
- ぱっと見られるようにリストを貼り、項目ごとに色分けする

オーディオ型の子どもには……

・ステップ・バイ・ステップの指示を与える
・「聞こえた」かどうかを尋ねる
・「もっとうまく」やる方法について、アイデアを出してほしいと言う
・やるべきことが長引くと集中力をなくし、違うことをやりたがることを忘れない

からだ型の子どもには……
・あまりたくさん選択肢を示さない
・やるべきことを楽しそうに伝える
・なにか提案したとき、それが「いい感じ」かどうか尋ねる
・やるべきことを終わらせるのに、親に何を手伝ってほしいのか尋ねる
・たくさん抱きしめてあげる

デジタル型の子どもには……
・何かを「やりなさい」と命じるのではなく、「やってほしい」と頼む

・何かをやってほしいと頼むとき、その理由を説明する
・子どもを信頼していることを、身をもって示す（いちいちチェックしない）
・やるべきことを終わらせるのに十分な時間を与え、急がせない

上司と部下――関係その3

上司や管理職は、スタッフという集団との関係をつくるだけでなく、メンバーそれぞれと一対一でもコミュニケーションを取る必要があります。

不満を持っている部下やメンバーが一人でもいれば、職場全体の雰囲気や士気が台無しになります。部下は上司が自分を助け、サポートしてくれることを期待します。誤解されている、あるいは話を聞いてもらっていないと感じる部下は、ネガティブな気持ちをチーム全体に広めるでしょう。

上司としては、四タイプすべてがそろっているチームを組めるほうがいいのです。

なぜかって？　もしチームのメンバー全員がヴィジュアル型だったら、「全体像」のことばかり話して、細かいことやプロセスに取り組まないでしょう。

もしチームのメンバー全員がオーディオ型だったら、えんえんと語り続け、次から次へと良さそうなアイデアに飛びつき、そのいずれも実行にいたらないでしょう。

全員そろってからだ型というチームは、自分たちの気持ちが通じ合っていることを確認し、楽しみ、親睦を深めることにすべての時間を費やすでしょう。

みんながデジタル型だったら？　整理したり、リストをつくったりすることに時間をかけすぎて、プロジェクトは決して始まらないでしょう。

チームを結成したら、全員と効果的にコミュニケーションを取る必要がありますが、それはつまり、**メンバーそれぞれのスタイルに合わせて、上司であるあなたのアプローチを修正するということ。**一緒に仕事をするためには、さまざまなタイプのチームメンバーが、あなたとだけでなく、ほかのメンバーとも効果的なコミュニケーションを取れなくてはなりません。チーム全体に話をするときは、全員と確実に心が通うように、四つのコミュニケーションスタイルすべてを取り入れましょう。

「コミュニケーションスタイルのスコア」は？

- メンバーそれぞれに、自分のコミュニケーションスタイルを判定するテストをやってほしいと話す
- メンバーそれぞれに、お互い結果を教え合うように指示する

・メンバーそれぞれに、各タイプがとくによく使う言葉のリストを渡す（あるいは、みんなが共有する場所にリストを貼る）
・個々人にその人のコミュニケーションスタイルに適した仕事を割り当てる。それぞれのタイプを落ち着かせるような仕事を割り当てるのが理想

ここがポイント！

自分のスタイルに合わない仕事を命じられた部下は、その仕事をやり遂げられないおそれがあり、たとえ終わっても、成果は目標レベルに届かないかもしれません。

やるべきことを先延ばしにする部下。

仕事が終わらないことの言い訳をする部下。

仕事に対して関心の低い部下。

こんなスタッフがいると、進行が遅れて職場全体の生産性が落ちます。

逆に、各自のコミュニケーションスタイルに合った仕事を割り当てると、**高い能力と強い関係を備えた能率的なチームができ上がる**でしょう。

◉部下のコミュニケーションスタイル別・最も合う仕事の役割

ヴィジュアル型の部下

・全体像のヴィジョンをつくる
・会議を効率良く仕切る
・会議でフリップチャートを使う
・会議が予定どおりに進行するよう計らう

オーディオ型の部下

・リーダーシップを発揮する
・アイデアのブレーンストーミングをする
・プロセスを改善する
・すべてが公正であるように計らう
・プロジェクトを一番うまく説明する言葉を見つける

からだ型の部下

・チームづくり
・ゲームやエクササイズを通じてチームの交流をもち、良い関係を築く
・チーム全体の会議を計画する
・会議中にメモを取る
・細かいことに気を配る

デジタル型の部下
・さまざまな事柄のステップや順序を計画する
・「もし〜なら」という分析的な質問をする
・理屈や道理の通った時間管理をする

●会議でのコミュニケーション

たいていの人は会議が嫌いです。貴重な時間の無駄遣いだと思っているからでしょう。しかし、スタッフ全員と一度にコミュニケーションを取ったり、意思決定のために全員を集めたりすることが重要な場合もあります。

上司であるあなたが部下一人ひとりのさまざまなコミュニケーションスタイルに配慮し、キャリブレーションを行えば、会議がもっと建設的になり、みんな――あなたも含めて――にとって、会議は負担でなくなるでしょう。

ヴィジュアル型の部下

- 時間をとても大事にするので、議事進行表があると喜ぶ
- 会議がいつ始まるかだけでなく、とくにいつ終わるかを知りたがる
- 短い(一時間以内の)会議を好む
- ほかのタイプよりも早く集中力を失い、きちんと聞かなくなる
- 注意力を維持するために、冒頭のあいさつ、特別な発表、会議そのものについてのフィードバック回収などの仕事を割り当てること

オーディオ型の部下

- 何が議題に入るか(そして何が入らないか)を知らせると、脱線せずにすむ
- 発言を許される、あるいはアイデアを出せるとき、最も貢献度が高まる

・リーダー役を与えられると一生懸命やる

からだ型の部下

・次にどうなるのか「安心」できるように、前もって議題を知ることを好む
・清潔で、照明が明るく、温度が調節された快適な環境で最も力を発揮する
・集中力を維持できるうえ場の雰囲気を感じとれるので、議事録づくりが得意

デジタル型の部下

・議題が順序よく網羅されているかを確認するのに、議事進行表を使いたがる
・意見を言うように頼まれるのを好み、求められるまで自主的には話さない
・突っ込んだ質問をするかもしれないが、すべてのステップやプロセスがうまくいっていることを確認するために、そのような質問が必要なこともある

営業と顧客――関係その4

どのような業界であれ、「売れそうで売れなかった」という経験がある人なら、顧客とのラポールを失うことがどんなにつらいかを知っています。

いったん関係がこわれると、取り引きが成立する可能性は低くなります。

顧客とラポールを築くための最も効果的な方法の一つに、相手のニーズが明らかになるような質問をすることが挙げられます。そのために、営業は顧客のコミュニケーションスタイルに訴えかけるやり方で質問をしなくてはなりません。

「コミュニケーションスタイルのスコア」は?

相手のスタイルをキャリブレーションするための第一歩は、自分自身のスタイルを知ること。そのために「自分自身を知る10の質問」に答える必要があります。自分のスタイルがわかったら、顧客が好む情報の受け取り方と処理方法を示す手がかりを見たり聞いたりし、それに応じて質問を調整できるように、ほかの三つのスタイルの特徴について読みましょう。

ここがポイント！

四つのタイプそれぞれの特徴やよく使う言葉のリストをつくり、サービスカウンターや電話の横、手帳などにコピーを貼っておき、各タイプに訴えかける質問を思い出しましょう。

顧客のコミュニケーションスタイル別・買い物傾向

ヴィジュアル型の顧客

- 買う・買わないを即決する
- 通常、細かい説明を必要としない
- 「すべてを見る」ことを好む
- 製品の「外見」に影響される

オーディオ型の顧客

- 自分のこと、なぜ必要か、どう使うつもりなのか、などについて話したがる
- 新しい特長や仕掛けが好きで、品質が購買の際の重要な要因となる
- いろいろと的確な質問をする
- 「おお」「ああ」「ふーん」のような感嘆詞を使って関心を示す
- 製品が「ピンと」くる、またはこないと言う

からだ型の顧客

- 買い物自体がイベントとなるような「楽しい経験」を求める
- 買い物する環境が「気持ち良い」ものでなくてはならない
- 製品に触ったり、感触を確かめたり、手に持ったりするのを好む
- 「フィットするかどうか確認する」ために必ず試したがる
- 「デモ」を好む
- 自分に合っているかどうかを確認するために、「直感」を働かせる時間が必要
- 買うかどうか決めるために一人になりたがる

デジタル型の顧客

- いろいろと細かい質問をする
- 事実、統計、レポート、マニュアルなどを欲しがる
- 情報をすべて整理する時間を必要とし、分析せずに買うことを好まない
- じっくり考える時間を必要とする
- 売り手との間に信頼を築く必要がある

◉顧客のコミュニケーションスタイル別・よく効く営業フレーズ

ヴィジュアル型の顧客には……

- お客さまが思い描いていたのはこのようなものですか？
- これをご自分が着ている、使っているところをイメージできますか？
- これはお客さまがイメージしていたものですか？
- 一、二分しかかかりません。すぐですよ。
- このスタイルはお好きですか？

・見た目がこんな感じのものをお求めですか？
・お気に召すものが見つかりましたら、お知らせください。

オーディオ型の顧客には……

・ご質問があれば、ここにおりますので。
・今の話でご要望に沿っているようですか？
・これはピンときませんか？
・どんなものをお考えですか？
・どんなアイデアをお持ちでしたか？

からだ型の顧客には……

・これがぴったりの感じですか？
・これは悪くない感じですか？
・これが心地いいですか？
・これがしっくりきますか？

・お持ちになりますか？
・触ってみますか？
・どうぞごゆっくり。

デジタル型の顧客には……
・お決めになるのにもっと情報が必要ですか？
・これでおわかりいただけますか？
・これがお客さまにとってベストですか？
・お客さまがお求めの特徴はすべてそろっていますか？
・これをどう思われます？
・これについてのお客さまのお考えは？

ウェブサイトの管理人と訪問者——関係その5

ウェブサイト訪問者の心をとらえ、**頻繁にアクセスする確率を高めるには、相手のコミュニケーションスタイルに訴えかける必要があります。**

自分のサイトのアクセス結果をチェックして、ほとんどの訪問者の滞在時間が二分未満なら、彼らの関心をとらえていない可能性があります。ネットで見るもの、読むもの、聞くものに対する好みは、コミュニケーションスタイルによって違います。効果的なウェブサイトは四タイプすべての心に訴えかけているのです。

「コミュニケーションスタイルのスコア」は?

あなた——ウェブサイトの管理人——もウェブデザイナーも、自分のスタイルを判定するために「自分自身を知る10の質問」に答えるべきです。そのあと、ほかのスタイルについての説明を読み、サイト上に情報をどのように提示すれば、すべてのスタイルの訪問者に幅広くアピールできるか判断しましょう。

ここがポイント！

自分のウェブサイトのページを見直して、各コミュニケーションスタイルにどう訴えかけているかを確認しましょう。コミュニケーションスタイルが違う家族、同僚、友人に、サイトを訪問して自分の心に訴えたものと訴えなかったものについて感想を教えてくれるように頼みましょう。さまざまなタイプすべてと関係を築くのに成功しているかどうかを見抜くことができます。

問題はサイトにあるもの？　ないもの？

四つのコミュニケーションスタイルそれぞれに訴えかける要素を取り入れることで、訪問者があなたのサイトで過ごす時間が増えるでしょう。

Q&Aコーナーを設ければ、からだ型が求めるインタラクティブな要素を取り入れると同時に、デジタル型の具体的な情報に対する欲求を満たすことになります。

イントロムービーがあれば、からだ型はあなたに親近感を抱き、オーディオ型はあなたの話を聞くことができます。

「イントロをスキップ」という選択肢を設ければ、まだるっこしいことが嫌いなヴィジュアル型も、すぐに要点に入ることができます。

ナビゲーションしやすいサイトなら（どんな場合もそうあるべきですが）、さまざまなタイプの訪問者が自分にとって共感しにくい要素をスキップできるようにしながら、全員に情報を提供することは難しくありません。

コミュニケーションスタイル別・好きなウェブサイトの特徴

ヴィジュアル型が好むのは……

- 最新の写真
- 管理人の写真
- 最小限の文字
- 箇条書き
- 短いビデオクリップ

オーディオ型が好むのは……

・わかりやすく端的な言葉（音声ファイル）
・正しい文法と綴り
・ストーリー

からだ型が好むのは……

・歓迎のあいさつ
・信頼を築くための管理人の写真
・連絡先情報
・インタラクティブな要素
・コメントを投稿できる機能
・容易なナビゲーション
・ビデオクリップ

デジタル型が好むのは……

・Q&Aコーナー
・連絡先情報（さまざまな手段による）
・情報を裏づける事実と数字

◎コミュニケーションスタイル別・嫌いなウェブサイトの特徴

ヴィジュアル型が嫌うのは……

・多すぎる文字
・不十分なグラフィック
・管理人の写真がない
・ながながとしたセールストーク
・多すぎるアニメ
・すっきりしていない

オーディオ型が嫌うのは……

・文章の間違い、誤字脱字
・多すぎるメニュー
・ナビゲーションが難しく、情報が見つかりにくい

からだ型が嫌うのは……

・管理人の写真がない
・連絡先情報がない
・ながながとしたセールストーク

デジタル型が嫌うのは……

・非論理的または不明確なタブ
・無秩序

コーチやカウンセラーとクライアント――関係その6

コーチやカウンセラーとして成功するためには、クライアントから情報を集める必要があります。クライアントの必要としていることや、取り組みたいと思っている問題を知るために、ときには微妙な個人的質問もしなくてはなりません。

あなたのコミュニケーションスタイルがクライアントのスタイルと違う場合、クライアントが「話を聞いてもらっていない」と感じたり、「誤解されている」と思ったりして、ラポールがこわれる可能性が高くなります。

力のあるコーチやカウンセラーになるためには、四つのコミュニケーションスタイルの人すべてとすばやく関係を築く方法を理解し、クライアントとラポールを築くことが大切です。

●「コミュニケーションスタイルのスコア」は？

新しいクライアントとの事前面接に、「自分自身を知る10の質問」を組み込みましょう。

ラポールが築かれてから、あなたが適切だと思うのであれば、クライアントとテスト結果について話し合うことを考えてもいいでしょう。仲良くなりやすい人とそうでない人がいる理由を説明する手段になります。また、クライアント自身が自分をもっとよく知ることができるかもしれません。

ここがポイント!

セッション中に各クライアントとどうコミュニケーションを取るのが最善かを忘れないように、それぞれのコミュニケーションスタイルをファイルに記録しましょう。クライアントがラクに理解できて答えやすい質問をすること。どうすればクライアントを一番うまくサポートまたはカウンセリングできるか、その方法を記録することも大切になってきます。

◉クライアントのコミュニケーションスタイル別・引き込む質問

ヴィジュアル型のクライアントには……

・自分が将来、これをやっている姿が見えますか?
・これはあなたが描いていたイメージと似ていますか?
・自分の進む方向がはっきりしていますか?
・次のステップとして何が見えますか?

オーディオ型のクライアントには……

・目標についてどんなアイデアがありますか?
・私の話の中で、あなたの心に響いたのは何ですか?
・ご自分のアイデアをどうすれば改善できるでしょう?
・「もし~ならどうか?」形式の質問

からだ型のクライアントには……

・前に進んでいくために、一緒に何ができるでしょうか?

・AかBか、どちらが良いと感じますか？
・どうすれば一番あなたの助けになりますか？
・これがあなたにはしっくりきますか？
・ぴったりのものですか？

デジタル型のクライアントには……
・この計画についてのあなたの考えは？
・この方向で納得がいきますか？
・これからのステップは順番にどうなりますか？
・このセッションであなたが一番気に入ったのは何ですか？

クライアントのコミュニケーションスタイル別・効果的なサポート方法

クライアントのコミュニケーションスタイルに合う方法でコーチやカウンセリングができれば、より速く反応と結果が得られるでしょう。クライアントをサポートするのに使えるヒントとストラテジーをいくつか挙げておきます。ラポールをこわさずに関係を保つことで、両方が望む結果がもたらされることを忘れないでください。

ヴィジュアル型のクライアントは……

・「全体像をとらえるのがうまい」という前提でアドバイスする
・細かいことを手伝ってくれるチームづくりを勧める
・ミーティングは短時間にし、取りきめた時間を守る
・前回のミーティングのあと何を達成したか、最新情報を尋ねる
・達成したことのリストを用意してきたら、項目をチェックしてあげる
・「自分のヴィジョンや目標を知っている」という前提でアドバイスする

オーディオ型のクライアントは……

・問題解決のアイデアが豊富なので、ひとつのテーマに次々と新しいアプローチを考え出したり、話があちらこちらに飛ぶ可能性があると知っておく
・新しいアイデアや話を、じっくり聞いてあげることが大事。さもないと心を閉ざす可能性がある

・話を脱線させないようにし、現在のプロジェクトに集中するよう手助けする
・プロジェクトがたくさんあるのは問題ないが、今取り組んでいるプロジェクトは何かを認識させる
・「ちゃんと話を聞いていた」とわからせることが大事。そうしないと同じ話を繰り返す傾向がある

からだ型のクライアントは……

・一対一の個人コーチを好む
・個人的なつながりを大切にするので、本題に入る前に個人的なおしゃべりをする時間を取り、自分のことも話す
・優柔不断で決断を下すのに時間がかかるため、できるだけ選択肢を少なくする
・宿題や課題を与えると誰かと一緒にやりたがるので、協力してくれるパートナーを探すよう勧める
・できるだけセッションに「楽しみ」を取り入れる

デジタル型のクライアントは……

- このタイプのクライアントは「物知り」に思える――たいてい実際に物知り
- これから始まる仕事やプロジェクトの手順を用意する時間をあげる
- 秩序、プロセス、そして組織が大好きだと知っておく
- 本人に合う段階的な計画を考えるように勧める
- 何をするべきかストレートに指示するのは避ける

先生と生徒――関係その7

あなたが教師なら、「退屈だ」とか、「とにかくわからない」という生徒の不平を聞きあきているかもしれません。どんな先生にとっても、あらゆるコミュニケーションスタイルの生徒の興味をそそるのは難題です。

生徒がどういうふうに情報を受け取って処理する――つまり、どうやって学ぶ――のが好きかは、コミュニケーションスタイルによって決まります。

各タイプが好む学び方を知れば知るほど、教室の生徒全員とうまく心を通わせ、みんなを引き込むことができるようになります。授業に引き込まれている生徒のほうがよく学び、学んだことをたくさん覚えています。

「コミュニケーションスタイルのスコア」は?

可能であれば、生徒に「自分自身を知る10の質問」に答えさせると非常に役立ちます。ここからわかる情報によって先生と生徒の気持ちがもっと通じるようになるので、お互いが教室で実り多い充実した経験ができるようになると説明してください。

ここがポイント！

生徒のスコアを出席簿の名前の横に書いておきましょう。

●コミュニケーションスタイル別・生徒の特徴

生徒に「自分自身を知る10の質問」をやらせることができない場合（非常に幼い場合など）は、次に挙げる特徴をよく知ることで、生徒のスタイルを判断できます。

ヴィジュアル型の生徒は……

- 図や絵を見るのが好き
- すべてが見えるよう、前の席に座りたがる（後ろの席だと注意散漫になりがち）
- いろいろな質問に即座に答える

オーディオ型の生徒は……

- 話をしたり聞いたりするのが好き
- 聞いたことをすぐ覚えてしまうのでメモを取らない
- 質問にながながとくわしく答えることがあり、自分が話す声を聞くのが好き
- いろいろと良い質問をする

からだ型の生徒は……

- 実体験が一番の学習方法
- 家にある心地良いもの、お気に入りのものに囲まれているのが好き
- チームやグループにすると、よく勉強する

デジタル型の生徒は……

- 考えさせられるような質問が好き
- たいてい教室の後方に座り、「これをどう考える?」「あなたの考えは?」と聞

かれてはじめて授業に参加する
・答えを出すのに時間がかかり、翌日すばらしい答えを考えつくことも

◎生徒のコミュニケーションタイプ別・好みの勉強法

ヴィジュアル型の生徒が好むのは……
・リストをつくる
・質問に対する答えを声に出して言う
・空欄を埋めるワークシートを使う
・メモを取る
・色鉛筆、マジックペン、蛍光ペンを使う

オーディオ型の生徒が好むのは……
・アイデアを出し合う
・グループディスカッション
・物語を話す

・新しいやり方や、より良い方法を考える
・音楽や楽器を使う

からだ型の生徒が好むのは……

・実地に体験する
・友だちと一緒に勉強する
・創造して楽しむ
・ワークシートや評価表を使う

デジタル型の生徒が好むのは……

・新しい内容を分類する
・図表を使う
・データや統計を集めて分析する
・ワークシートを使う

◉生徒のコミュニケーションタイプ別・嫌いな勉強法

ヴィジュアル型が嫌うのは……

・物事を丸暗記する
・「遊ぶこと」——授業中は、遊ぶより勉強するほうがいい
・講義を聞く
・個人的な話をする
・グループ学習

オーディオ型が嫌うのは……

・静かにしている
・話したり質問に答えたりといった、自分が発言する機会がない
・なかながとメモを取る

からだ型が嫌うのは……

・楽しむ時間がない

・人と心を通わせる時間がない
・急かされる
・物事が突然終わる

デジタル型が嫌うのは……

・ながながと書かれた宿題
・自分が決めた順番にやっている途中で邪魔が入る
・予定や授業がきちんと終わらない
・急かされる
・やるべきことを命じられる

Part 7

プロフェッショナルが教える！関係を加速する10のテクニック

～聞き手を引きつけて話すために～

10のテクニックとその効果

教師やトレーナーはたいていの人より、コミュニケーションスタイルの違う四タイプすべてと同時に何かをする可能性が高いものです。したがって、四タイプすべてに平等にプラスになるように情報を伝えられる能力がとても大切です。

Ｐａｒｔ７でお話しする10のテクニックはどれも、聞き手がより速く――つまり加速度的に――情報を吸収できるように、ラポールを築いて聞き手が積極的になるのに役立つよう考えられています。このプロフェッショナルのためのテクニックは、会議の進行役を務めたり、ちょっとしたレクチャーをする際に非常に役立ちます。

ＯＨＰ（オーバーヘッドプロジェクター）やフリップチャートをはじめとする視覚ツールの利用が入っていないことに注意してください。もし、あなたがそのようなツールを使っているのであれば、控えめに使うことをお勧めします。加速学習には効果がないと考えられているのです。

10のテクニックは次のとおりです。

①巻き込む質問をする
②短い答えを声に出して言わせる
③答えにこだわる
④後からポイントを繰り返させる
⑤空欄を埋めさせる
⑥「重要なので、メモしてください」
⑦場を活気づける
⑧隣の人と話し合う
⑨グループディスカッション
⑩全体で要点を復習する

巻き込む質問をする――テクニックその1

「巻き込む質問」とは、集団の大部分の人に答えてもらうことを意図しています。

「巻き込む質問をする」効果

- あなたが会議やセッション、授業を双方向のものにしようとしていること、そして全員の参加を期待していることを、聞き手にわからせる
- 聞き手が積極的に参加することを妨げる「壁」をこわす
- 聞き手一人ひとりに参加の機会を与える
- 話し手のほうからリーダーシップを示す

このテクニックは会議やセッション、授業の冒頭に使うのに適しています。

二つの異なるグループの両方から肯定的な反応を引き出すような、二つの質問をす

るようにします。たとえば、「この中でアイスクリームが好きな人は？」と「この中でアイスクリームが好きでない人は？」をセットにして質問するといった具合です。これでそこにいる大部分の人が確実に参加することになります。

最初の質問をするとき右手を上げてそのままにしておくと、聞き手は答えることを期待されているのだと理解するでしょう。二番目の質問をするときに左手を上げると、これは新しい質問であり、やはり返答を求めているのだとわかってもらえます。

初めのうちは、参加する心の準備ができずに、ためらったり黙ったままでいたりする人がいるかもしれません。それでも二〇秒から三〇秒のあいだ手を上げたままにしておくと、渋っている人もほかの人が参加しているのを見て、反応する気になるでしょう。

ここがポイント！

「この中で……の人は誰ですか？」という聞き方をすることが重要。この言葉遣いは、誰かが質問に答えることを前提としています。巻き込む質問は、必ず二つセットで行います。（それぞれで片手ずつ上げる）

例・「巻き込む質問をする」

◉フィットネスのトレーナーが説明するなら
①この中で、毎日決まった運動を続けるのが難しいと思っている人は？
②では、毎日決まった運動を続けるのはラクだと思っている人は？

◉ライフコーチが説明するなら
①この中で、忙しすぎて、生活のバランスが崩れていると思っている人は？
②では、バランスのとれた生活をしていて、やることなすことすべてうまくいっている人を知っている人は？

◉ウェブサイトのデザイナーが説明するなら
①この中で、ウェブサイトを立ち上げて運営するには必要なことが多すぎて、悲鳴を上げているという人は？
②では、情報が豊富で魅力的なウェブサイトにアクセスしたことがあって、それ

と同じように印象的なサイトをつくりたいと考えている人は?

◉コーチやカウンセラーが説明するなら

①この中で、顧客とのコミュニケーションが難しいと思っている人は?

②では、人とうまくやるのは本当に簡単だと思う人は?

短い答えを声に出して言わせる——テクニックその2

一言、二言の短い答えを、全員から引き出すための質問方法です。

「短い答えを声に出して言わせる」効果

- 聞き手に注意して聞くよう、うながす
- 聞き手に言葉で参加するよう、うながす
- 答えを声に出して言うことで、聞き手は新しい情報をまとめることができる
- グループ全体が声に出して言うのを聞き、学んだことをよく覚えられる
- 場が活気づく

話し手が情報を伝えるとき、一方的に講義するようなかたちだと、聞き手は受け身になるため、興味を失い、集中力をなくしがちです。

しかし、短い答えを声に出して言うように求める質問を、少なくとも二、三分おきに投げかけることで、聞き手は注意力と関心を保てます。さらに、正しい答えを出すことができたとき、本当に学んでいると実感します。

また、誰かが答えを間違えた場合、話し手は答えた人に感謝したうえで全員にさらなる意見を求めることによって、質問のポイントをくわしく説明できます。

ここがポイント！

このテクニックを用いたセミナーや授業は、ほとんどの場合、時間がとても速く過ぎるように感じ、聞き手は知識をラクに吸収できることに気づきます。

例・「短い答えを声に出して言わせる」質問

八角形には辺が八本あり、四角形には辺が四本あることを小学生に教えている教師なら、この知識を次の質問でまとめることができます。

- 質問「八角形には辺が何本ありますか？」→全員の答え「八本」
- 質問「四角形の辺は何本ですか？」→全員の答え「四本」

答えにこだわる――テクニックその3

「答えにこだわる」とは、話し手が質問をしたとき、答えが返ってくるまで次に進まないことです。

「答えにこだわる」効果

・話し手の期待を伝える
・聞き手に対して、油断せず注意して聞くよううながす
・聞き手をなごませ、「恥ずかしい」という壁を崩す
・全員が反応しようという気持ちになる
・積極的に参加して学ぶ雰囲気をつくる

話し手は、質問をしても答えが返ってこない場合、質問に答えずにはすまされない

ことをほのめかす発言を続けます。

ここがポイント！

講習や授業のかなり早い段階でこのテクニックを使うとき、まず一、二回だけ使って、聞き手に「自分たちは声に出して答えることを期待されている」と理解させる必要があります。

例・「答えにこだわる」表現

◎「全員が答えてくださいね。もう一度やってみましょう」

◎「わかりました、二、三人だけですか？　もう一度やってみましょう。この中で……」

◎「みなさんは答えを声に出して言う習慣がないのかもしれませんね。ではもう一度やってみましょう」

後からポイントを繰り返させる――テクニックその4

話し手が重要な情報を伝えるとき、言ったばかりのことを聞き手に繰り返させるような質問をするテクニックです。

●「後からポイントを繰り返させる」効果

- 聞き手は、答えを声に出して繰り返すことで新しい情報を吸収できる
- 聞き手は、全員が答えを声に出して言うのを聞くことで記憶を刷り込める
- 聞き手は、「自分は学ぶ過程にある」のだと実感する
- 場が活気づく
- 聞き手を引き込み、その注意力を維持できる

一気に大量の情報を受け取ると　聞き手はパンクしてしまい、聞くのをやめたり、

参加しなくなったりするおそれがあります。話を一回聞いただけでは、覚えたり思い出したりできないかもしれません。

「私の言葉を繰り返してください」と後について言うよう求めることで、聞き手は油断することがなくなり、しかも二回以上聞くことになりますから、覚える可能性が高くなります。

ここがポイント！

「短い答えを声に出して言わせる」と同じように、このテクニックはセミナーや授業の中で少なくとも二、三分おきに使うべきです。

聞き手はすぐに答えられるようになり、話し手は聞き手が積極的に参加している率が高いことを実感します。内気な人や話したがらない人でも、いつのまにか積極的になっている自分に驚くでしょう。

例・「後からポイントを繰り返させる」質問

◉フィットネスのトレーナーが説明するなら

・三〇分の有酸素運動を、毎日のエクササイズの基準にするといいですね。毎日やるといい有酸素運動は、何分でしたっけ？

◉ウェブサイトのデザイナーが説明するなら
・ウェブページ画面の右側の一番上に、連絡先のリンクを表示すると役に立ちます。連絡先のリンクはどこに置くと役に立ちますか？

◉地理の授業をしている教師なら
・この国は七つの地域に分かれています。この国の地域はいくつ？

空欄を埋めさせる——テクニックその5

このテクニックを用いるには、話し手は空欄のあるワークシートをあらかじめ用意し、授業や講習に持ち込む必要があります。そして受講者や生徒といった聞き手は、指示されたとおり、欠けている情報を埋めます。

「空欄を埋めさせる」効果

- 聞き手はワークシートを前に置かれるだけで、注意を集中する対象ができる
- 聞き手は一定の時間おきに空欄を埋めるよう求められることに気づくと、何事も聞き逃すまいと集中する可能性が高くなる
- 聞き手は「空欄をすべて埋めたい」と思うので、注意して聞く

参加者は空欄を埋めたワークシートを家に持ち帰る傾向があります。書き入れたワ

ークシートがあれば、あとで見直すことによって記憶を補い、強化できます。
ワークシートには会社やあなたのウェブサイトのアドレスを載せておき、もっとくわしい情報を知るにはどうすればいいかわかるようにしておきましょう。

ここがポイント！

空白の行、枠、表、円、その他の独創的な指導ツールを取り入れたワークシートは、とくに効果があるでしょう。話し手は聞き手が集中力を保てるよう、少なくとも五分おきに何かを書き入れさせるようにしましょう。

例・「空欄を埋めさせる」ワークシートの使い方

◉「五行目を見て、……の名前を書き入れてください」
◉「ページの一番上の四角を見て、……を書きましょう」
◉「ページの真ん中に円を描いて、円の中に……」

「重要なので、メモしてください」――テクニックその6

話し手がとくに重要な情報を提供しようとするとき、聞き手に注意して聞かせる方法です。

「重要なので、メモしてください」の効果

- ボーッとしている聞き手に集中力を取り戻させる
- 何かを書き留めさせることで参加をうながす

聞き手がぼんやりしている、あるいは集中力をなくしていると気づいたとき、このテクニックを使うとみんな姿勢を正してメモを取りはじめるでしょう。さらに、重要なポイントが聞き逃されることなく、きちんと注目されます。

ここがポイント！

この表現は、「ここぞ」というところで使いましょう。使いすぎると聞き手は、あなたがなんでもかんでも重要だと考えていると思い込むようになり、真剣に受け取らなくなります。

例・「重要なので、メモしてください」のフレーズ

◉「これは重要ですから、書きとめてください」
◉「ここは大事だから、メモしなさい」
◉「これは重要ですから、きちんと理解する必要があります」

場を活気づける――テクニックその7

集中力をなくして参加しなくなっている聞き手を、もう一度活気づける方法です。

◉「場を活気づける」効果

場が活気づいているとき、聞き手は話し手から気をそらさないでいるため、教わったことから必ず得るものがあります。

話し手が急に何か違うことをする、あるいは聞き手に対して何か違うことや思いがけないことをやるように言うと、場は再び活気づき、退屈していた人や集中力をなくしていた人が、話し手や資料に気持ちを向け直します。

ここがポイント！

遅きに失する前にこのテクニックを使いましょう。全体がだれている、あるいは部屋があまりにも静かになってきていると感じたら、すぐに変化を起こして「クモの巣を払う」ために何かしましょう。

例・「場を活気づける」具体的な方法

- 聞き手を立たせ、ストレッチをさせる
- 誰かが答えたあと、拍手をするようにうながす
- 壇上や部屋の前にいる話し手の位置を変える。話をするときに立っている場所から、質問をするときは別の場所に移る。話題を変えるときに位置を変えるなど

隣の人と話し合う――テクニックその8

聞き手同士を交流させる方法です。

「隣の人と話し合う」効果

- 聞き手の緊張がほぐれる
- 内気な人も張りきって自分の考えを話すようになる
- 場が活気づき、雰囲気が良くなる
- 聞き手同士が話し合うことで、情報を吸収できる
- 講習や授業中に声を出すチャンスとなる
- 話し手からではなく、聞き手という同じ立場の人から情報を受け取るので、付加価値のある情報になる

隣の人と向かい合って、今聞いたばかりの情報について自分の意見を述べるように言いましょう。この機会を与えると、聞き手が学んだばかりのことを消化し吸収するのを助けることになります。聞き手同士が話しているあいだ、話し手は次に提示するポイントの準備時間を少し取ることができます。

ここがポイント！

話す時間を一、二分取り、全員が確実に参加するようにしましょう。講習会や授業のあいだ、最低でも一回はこの実習を行ってください。

例・「隣の人と話し合う」ようにうながす方法

- 「隣の人のほうを向いて、一分間、今の話についてあなたの意見を話してください」
- 「隣の人と向かい合って、今の話から学んだことを三つ教え合ってください」
- 「今の演習で気づいたことについて、二分以内で隣の人に話してください」

グループディスカッション――テクニックその9

三、四人の小グループをつくって、講習や話のテーマについて話し合わせます。

「グループディスカッション」の効果

- 自ら人に話すことで、聞き手は情報を吸収する
- グループの人たちと話して一緒に学ぶと、力がついたように感じる
- グループの人が話すのを聞くことで、全員にとっての学習経験が強化される
- 話し手はグループディスカッションを観察することで、聞き手が情報にどれだけ熱心に取り組み、身につけているかを目と耳で確認できる

三、四人のグループに分かれるよう指示します。部屋の座席を動かせるなら、椅子を円形に並べてやるほうがいいでしょう。

テーマをもう一度述べて、説明された情報からわかったことを各グループのメンバーで話し合うチャンスなのだと説明します。グループ討論のあいだに話し手は、次の説明項目を見直して準備することができるでしょう。

ここがポイント！

グループの一人ひとりが自分の考えを話すのに三、四分（以上）かけるよう、はっきりと指示してください。「各グループの全員が参加するよう期待している」と明確に言いましょう。時計係を指名して、制限時間を守ってもらうことも大切です。

例・「グループディスカッション」を呼びかける表現

◉「四人（以上）のグループをつくってください。グループで一人二分間、○○についてて自分の意見をほかの人に話しましょう。一分後に始めますよ」

全体で要点を復習する――テクニックその10

学んだばかりのことをきちんと記憶できるように、キーポイントを声に出して繰り返させる。シンプルですが、活動的で楽しい方法です。

「全体で要点を復習する」効果

- 聞き手はキーポイントを声に出して繰り返すことで、自分がどれだけたくさん学んだかを実感して自信がつく
- 講習会などの最後に行うことで、場が活気づく
- 聞き手は新しい情報を吸収できる
- 聞き手にとって、初めは聞き逃していたポイントを聞く二度目の機会になる

話し手は重要な情報について「前置き」を述べ、キーポイントに来たら答えを求め

る典型的なジェスチャーとして、手を耳に当てましょう。みんないっせいに声に出して「空白を埋める」よう求めます。

ここがポイント!

全体で要点を復習するのに何分必要かをあらかじめ判断し、それによって時間配分を決める必要があります。このテクニックは、授業や講習の途中で新しいテーマに移る前に使うこともできます。

例・「全体で要点を復習する」表現

◉「みなさん本を閉じて。私がこんなふうに耳に手を当てたら、その後に続く言葉を全員で言って文章を完成させてほしいという意味です。では始めましょう」

耳に手を当てるときは、声のトーンで「埋めるべき空白があるのだ」ということを表し、問いかけるような表情をするように努めましょう。全員が答えるのを待つあいだ、耳に手を当てたままにしておきます。

おわりに
～この本を人生に活かす～

あなたはこれから二、三日以内に――あるいはもっと早く――家族や友人や同僚がとくによく使う言葉を意識するようになるでしょう。

それだけでなく、自分が自分のコミュニケーションスタイルに共通する言葉を使っていることにも気づくでしょう。自分や人がそういった言葉を使うことに気づくとは、**あなたは今、学んだばかりの知識を身につけ、実行しているということです。**

さらに、これまでより意識して人とコンタクトし、自分自身のコミュニケーションスタイルを相手の雰囲気やスタイルに合わせて調整するうちに、キャリブレーションの腕が上がることにも気づくでしょう。

人がどのようにコミュニケーションを取っているかに気づき、キャリブレーションを行うことによってラポールを築き続けるうちに、人と良い関係をつくるスピードは明らかに上がってきます。

今、コミュニケーションスキルを最大に伸ばすために必要な知識とツールはすべて、あなたの手にあります。

この本で学んだことを、パートナーで、家族で、友人同士で、あるいは職場で活かしましょう。この本のことを人に話して、その人があなただけでなく出会う人みんなとより深い関係を築くために、力を貸してあげてください。

訳者あとがき

仕事も、子育ても、プライベートも、うまくやっていくには人間関係が大切だと、最近つくづく感じます。そう感じている人は大勢いるはずです。だからこそ、著者がこの『関係の法則』を書かなくてはならないと決意するほど、人間関係やコミュニケーションについて教えてほしいという声が寄せられたのでしょう。

本書はNLP（神経言語プログラミング）という手法を土台にしていますが、NLPそのものについては詳しく説明されていません。でも、とくにNLPを知らなくても、円滑なコミュニケーションという目標達成には、さしつかえないかもしれません。

本書の内容はそれくらい具体的で実践的なのです。

人それぞれ好みのコミュニケーションスタイルがあることを理解し、相手のスタイルに合った言葉を使い、相手のスタイルに合った伝え方をすることが大切だと、ワークシートや会話例などでわかりやすく説明しています。質問に答えることで自分のことを振り返り、関係を築きたい相手のことを思い浮かべながら読み進めていけば、すぐ実践に移せるでしょう。

逆に、NLPに詳しい読者は、少し考え方が違うのではないかと思われるかもしれません。一般的なNLPでは、VAKシステムは「優位感覚」や「傾向」としてとらえられ、タイプ別の分類ではないとされています。ところが本書では、コミュニケーションのスタイルを、ヴィジュアル型、オーディオ型、からだ型、デジタル型の四タイプにはっきり分けています。

マイケル・J・ロオジエは、実用的なツールを提供することに重きを置いているのです。NLPの概念を説明することより、いろんな人とうまくコミュニケーションを取るためのハウツーを伝えることに徹していると言えます。

確かに人間は一人ひとり違いますから、完全にタイプ別に分類することは不可能かもしれません。でも、自分自身のことを、そしてまわりの人たちのことを、今一度よく考える手がかりになるはずです。そうやって「意識して人とコンタクトする」ことが、きっと良い関係につながるのです。

最後になりましたが、本書の翻訳の機会をくださり、さまざまなアイデアでとても読みやすい本に仕上げてくださった、編集者の青木由美子さんに心から感謝します。

二〇一〇年　五月

大田直子

プロフィール

マイケル・J・ロオジエ【著者】
神経言語プログラミング（NLP）のプラクティショナー。LOA（Law of Attraction）のトレーナー。
2003年に出版された著書『引き寄せの法則』は世界28ヵ国語に翻訳され、07年に刊行された日本語版もベストセラーとなった。現在は、何百人もの「引き寄せの法則ファシリテーター」の認定を行い、生徒の高い関心を引きだしながらLOAのメッセージを伝える方法を教えている。1700時間を超えるテレクラス（電話による授業）、何百回という「引き寄せの法則　マンツーマン・コーチング」、そして1000回以上もの引き寄せをテーマとした講演では、「わくわくしながら学び、理解する」ためにNLPテクニックを用いている。カナダ西海岸、ブリティッシュ・コロンビア州にある美しい都市ビクトリアに住む。
http://www.lawofconnectionbook.com
http://www.lawofattractionbook.com

大田直子【訳者】
東京大学文学部社会心理学科卒業。電機メーカー勤務を経て翻訳家に。訳書に『幸種　しあわせだね』『90日間で人生を最高にする方法』（講談社）、『101回目の夜』（河出書房新社）、『インドと中国』（ウェッジ）、『ナチュラルな暮し方と生活環境』『カルマを活かす』（産調出版）、『願いがかなうクイック自己催眠』（ベストセラーズ）などがある。

関係《かんけい》の法則《ほうそく》

2010年5月20日　第1刷発行

著者……………………マイケル・J・ロオジエ
訳者……………………大田直子《おおたなおこ》

発行者…………………鈴木　哲
発行所…………………株式会社講談社
東京都文京区音羽2丁目12−21［郵便番号］112−8001
電話［編集］03−5395−3808
［販売］03−5395−3622
［業務］03−5395−3615
印刷……………………慶昌堂印刷株式会社
製本所…………………株式会社国宝社
本文データ制作………講談社プリプレス管理部

ISBN978-4-06-215996-8